災害ケースマネジメント◎ガイドブック

90

弁護士 tsukui susumu
津久井進

合同出版

目次

第２章　被災者支援制度の改善

■災害救助法を見直す

■「仮の生活」からの脱却

■すべての被災住家を救う

■新たな視野を拓く

第3章　災害ケースマネジメント

■先駆的な取り組み

■災害ケースマネジメントとは

■ケースマネジメントの技術論

■災害ケースマネジメントにかかわる支援者・専門家

■鳥取県の災害ケースマネジメント

■本書を読まれるみなさまへ

「災害ケースマネジメント」は、被災者一人ひとりに必要な支援を行うため、被災者に寄り添い、その個別の被災状況・生活状況などを把握し、それに合わせてさまざまな支援策を組み合わせた計画を立てて、連携して支援する仕組みのことである。

災害ケースマネジメントは、多種多様な困難を抱えた被災者への支援の実践の中から生まれた。たとえば、避難所や仮設住宅に入ることができず支援から排除され、長い間辛酸をなめ続けた『在宅被災者』。いかに直視し課題を解決していくのか。あるいは、厳しい災害をくぐり抜け命が助かったと胸をなで下ろしたのも束の間、過酷な避難生活の中で『災害関連死』した人々。その悲劇を防ぐためには何をすべきなのか。突然に人生が一変する事態を余儀なくされた『原発事故被害者』はきちんとした救済制度がないがために今なお放置され続けている。本来どうやって救うべきだったのか。

被災地の現場では「制度からこぼれ落ちた人々」を救うためにどうしたらよいかという難題に直面している。

私は弁護士を職業としている。「法律」を武器にして闘い、盾にして権利を守り、道具にして問題の解決を図るのが仕事だ。阪神・淡路大震災以降、弁護士として、すべての被災者を救済する「解決策」となる法律を探し続けてきた。しかし、法律というと何となく四角四面のイメージだし、実際そういうものである。なかなかその答えにたどり着かず、悶々として悩みは深まるばかりだった。ところが、あるとき「一人ひとりの抱える課題はすべて違う」ことに気付いた。そこから「一人ひとりの状況に合わせた支援こそが最適解である」という答えに出会えた。考えてみれば当たり前のことだった。

これがわかれば、あとの手順は簡単だ。まず一人ひとりの被災者に寄り添って、その状況を正しく把握し、課題を探すことに精力を注げばよい。アセスメント（事態の評価）が何より先決である。ポイントは、本人の訴えや申請を窓口で待つのではなく、こちらからアプローチする「アウトリーチ」にある。困難な状況やその原因が明確になれば、あとはそれを解決する方法を、その人に合わせてオーダーメイドでつくればよい。もし災害関連の支援制度で不足なら、平時の福祉制度も使えばよい。その人のための制度のパッケージだ。もし、制度で克服できなければ、知恵を絞ればよい。もし、予算が足りなければ、人の手でフォローすればよい。

もちろん、解決不可能な課題もたくさんあるだろう。でも、その人の絶望を封じ込め、将来に希望を紡ぐことはできる。

もちろん、自然災害の脅威の前でできることには限りがある。東日本大震災はもとより毎年のように繰り返される自然災害に打ちのめされるばかりだ。私は、弁護士という文系職業の非力さゆえ、災害のたびに無力感を思い知らされる。しかし、周囲を見回すと、私だけでなく、医療職や福祉職あるいは隣接文系士業、研究者など他の専門職能の方たちも自らの限界感を口にしていた。災害ボランティアやNPOも似たような壁を感じていた。国や地方自治体の行政職員も、自衛隊員や消防士でさえも、それぞれの立場で同じように無力感や不条理な気持ちを抱いていた。

ならば、手をつないで連携すればいい。それぞれは微力かもしれないが、集まれば大きな力になる。支援の総合化こそ、災害ケースマネジメントの成功のカギだ。

こうした気付きを、災害支援の現場にいる同志と共有したいと願って本書をまとめた。同志というのは行政、ボランティア、専門家、企業、市民を問わず「被災者のために何か自分にできることはないか」と思っている方々すべてである。

私たちは、みんな無力だからこそつながり合う。用意された答えがないからこそみんなで考える。そして一人ひとりはそれぞれ違うのだから対応の仕方もみんな違っていい。そういう柔軟で弾力性に富んだ姿勢をもって、困難にくじけない精神（レジリエンス）をもって、災害に向き合い、被災者の生活再建を支えていこう。それが本書を貫くメッセージである。

【凡例】公人以外の人名、年齢、場所などは文意を損なわない限り個人を特定しない記述にしている（人名は原則として仮名。一部は本名）。

第1章 被災地のリアル

取り残される被災者

1 無言の在宅被災者たち

東日本大震災で最大級の被害を受けた石巻市では、８年経って、計画されていたすべての災害公営住宅が完成した。普通ならこれで復興計画は一応の節目を迎えたことになるはずだ。ところが、この地域にはこんな家があちこちに残っている。

・踏むとブヨブヨし、床をめくると根太が腐ってボロボロになった家
・床板がなくて地面が露出し、そこに雑草が生えている状態の家
・ボールがコロコロ転がるほど傾いて、家の中にいると気分が悪くなる家
・水回りが壊れてトイレが使えず、いまだに家族がオマルを使っている家
・壁や床に穴があき、段ボールなどで補修している家
・壁紙をめくるとカビだらけで、コンコン咳が止まらなくなる家
・天井が抜け落ちて雨漏りし、家中に腐敗臭が漂う家
・１階がひどく傷んで住めず玄関も閉まらないため、２階でしか暮らせない家

とても21世紀の先進国の生活風景とは思えない。驚くことに、人々は我慢してそこで暮らし続けているのだ。そこには「健康で文化的な最低限度の生活を営む権利」（憲法25条）は存在しない。

「なぜ、このような状態を我慢しているのですか？」と尋ねると、
「逃げて避難所に行ったんだ。満員で入れてもらえなかったのさ」
「お父さんが高齢だから、避難所の共同生活は無理」
「一部損壊の認定だった。自宅で住めるでしょって言われて、戻るしかなかったの」など理由はさまざま。

たしかに、一部損壊と判定された家は外観からはわからなかったが、家に入ると相当に傾いていた。一部損壊の判定に問題があることは明らかだが、あきらめる経験を何度も積み重ねたその人は、二次調査の申請をする意思が萎（な）えてしまっている。

在宅被災者の自宅居室。雨漏りのため床にブルーシートを敷き詰めて暮らしている

在宅被災者の自宅の天井。災害で天井板が抜け落ち、修理できないままの状態で生活している

ある人は「わたしは被災者じゃないから」とつぶやく。被災後しばらくの間、住宅が残った人々は、「自宅避難者」とか「２階生活者」とか「ブルーシート族」と呼ばれ、そもそも被災者として扱ってもらえなかった。だから、弁当など生活物資も満足に受け取れなかったし、仮設住宅には提供された自治体からの情報も届かなかった。しかし、間違いなく彼らは災害被害者にほかならない。支援されてしかるべきだ。そこで、被災者として支援が受けられるように名付けた呼び名が「在宅被災者」なのである。

驚くべきは、在宅被災者の多くが無言のままでいることだ。石巻市で「在宅被災者」を支援する一般社団法人チーム王冠は、在宅被災者数を約１万2,000世帯と推計している。震災前の世帯数が約６万世帯だから、決して少数派ではない。しかし、自ら声を上げることはない。市が用意した特別支援制度の想定対象者は4,000世帯だったが、当初反応したのは1,000世帯だけだった。なぜ黙っているのか。その理由は後に触れよう。置き去りにされたままひたすら黙って我慢を続けるサイレント・マジョリティー。その存在自体が、これまでの仕組みの不備を物語っている。

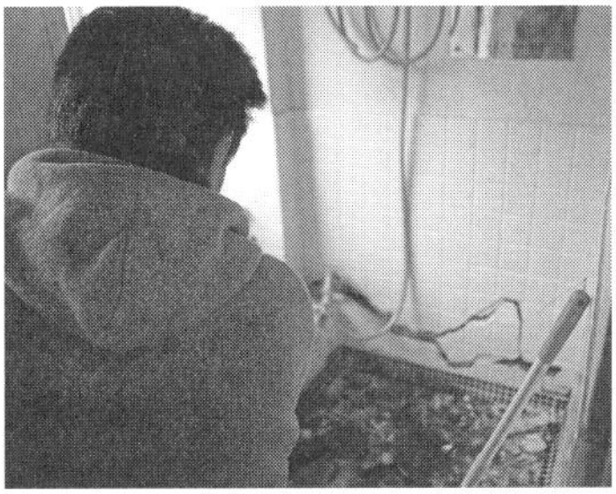

在宅被災者の風呂場。地震による破損で使用不能のまま８年間過ごしてきた

2　20年後に再被災する借上げ復興住宅

災害直後は社会全体が熱を帯び、「被災者のために自分に何かできないか」と志ある声が巷に飛び交う。しかし、しばらく経ってマスコミの報道量が減ると、世間は何事もなかったかのように被災地の存在を忘れていく。

被災者にとって、過酷な現実だ。

復興の道のりは長い。

宮城県で被災した女性が「本当にしんどいと感じたのは誰も見向きもしてくれなくなってからです」と静かにつぶやいたのが忘れられない。どの災害でも共通する被災者の心境である。

生活再建の長い道のりを考えるにあたって極限的な例を紹介する。阪神・淡路大震災（1995年１月）から20年を経て新たに被災者を新たに生み出している「借上げ復興住宅問題」のことである。

81歳になる永田君子さんは、57歳で阪神・淡路大震災に遭い、避難所を転々とした末、ようやく今暮らしている「借上げ復興住宅」に入居することができた。落ち着いた環境が用意され「やっと安心して暮らせる」と胸をなで下ろした。月日が過ぎて、年齢相応に身体も弱ってきた。家の中でも歩行器が不可欠だが、家具や物を整理して一人でも過ごせるように工夫している。オーダーメイドのバリアフリーだ。同じ棟に顔見知りもたくさんできた。友人たちも誰もが「終(つい)の棲家(すみか)」と信じて疑わなかった。

ところが、ある日、神戸市から突然に退去を求められた。市の借り上げ期間が切れたという理由で、永田さんは出て行くように言われたのだ。「ここで生きてたらあかんの？」と落ち込み、笑顔が消えた。

何の落ち度もないのに追い出される、そんな高齢者が「元被災地」で続出している。

「借上げ復興住宅」というのは、都市再生機構（UR）や民間の賃貸住宅を市などが丸ごと借り上げ、それを被災者に市営住宅と同じ条件で貸与する仕組みである（公営住宅法24条）。市は、復興住宅の新築費用を節約でき、被災者は近隣で住まいを確保できる。自治体が借り上げてくれる期間、大家さんは安定した賃料収入が得られる。だから「三方ヨシ」の優れた制度としてもてはやされた。

神戸市などの周辺自治体は、早期に大量の住宅需要に応えなければならなかったから、大量に「借上げ復興住宅」を契約し、住宅困窮者に供給した。被災者からすれば、一般住宅を借りているのと同じで、当初は「20年期限」という話もなかったから、誰もが終の棲家と信じて疑わなかった。

ところが、突然、賃貸期間が20年と告げられ、退去を迫られた。神戸市だけでも対象戸数は約3000戸に上ったので社会問題化した。たとえ自治体と所有

<借上げ復興住宅>
都市再生機構や民間の賃貸住宅を
公営住宅として貸与
20年後
退去して
ください
これから
どうすれば…

者との間の契約期間が20年だとしても、法律上は延長可能である。そもそも高齢者の生活とコミュニティの土台となる居住権を奪う合理的な根拠があるのだろうか。通い慣れた病院や商店街も失い、引きこもって生活不活発になる。裁判で被告にされた入居者の精神的負荷は甚大で、心身共にみるみる弱っていく。西宮市では、退去を余儀なくされて別の住宅に転居してすぐに転倒して骨折し、間もなく死亡したケースもある。まさに生死にかかわる問題なのだ。

神戸市と西宮市は司法の場に持ち込んで解決を求めた。立ち退きに応じない入居者に明渡請求訴訟を提起したのだ。退去を迫る神戸市・西宮市の主張は、「任意に出て行った人と出て行かない人が不公平になる」、というものだ。しかし、宝塚市や伊丹市は、期限を延長して終生の住まいを約束している。住む場所によって全く扱いが違うということこそ不公平ではないか。行政がさかんに主張する「公平論」だが、本当にそれは公平なのか？その問題はのちに88項で論ずる。裁判では、一部の居住者たちが退去を命じられたが、そもそも法廷で争う問題ではなく、住宅困窮者の問題を住宅政策として自治体が解決すべき事柄である。

必要な救済制度は、期限によって画一的に切り捨てるのではなく、一人ひとりの実情に応じて柔軟に対応できる仕組みでなければならない。それを実践している兵庫県の取り組みは75項で紹介する。

3 見捨てられる原発事故の避難者

福島県郡山市の森松明希子さんは、2011年３月の原発事故から２カ月後、夫を自宅に残して、当時３歳の長男、０歳５カ月の長女を連れて大阪まで避難してきた。放射性物質から子どもの命と健康を守るためだ。それ以来、森松さんは、二重生活によって生じるさまざまな苦労と向き合い、心ない差別や不理解に由来する偏見とも力強く闘っている。

彼女は、国・東電を被告とする原発事故損害賠償請求訴訟に加わり、2018年にはジュネーブの国連人権理事会に参加して、「原発事故による放射線の被ばくから身を守る『避難の権利』は、日本国憲法に記された『すべての国民が恐怖と欠乏から免れ、平和のうちに生存する』ことを保障された基本的人権です！」と声を振り絞ってスピーチを行った。名前や顔の公表はもちろん、避難の有様まで赤裸々に語り、避難者の先頭に立って活動を展開していた。

2018年３月19日ジュネーブの国連人権理事会本会合でスピーチする原発避難者の森松明希子さん（中央）

この森松さんだが、2018年３月まで自治体が数える避難者数にカウントされていなかった。行政の実態把握のお粗末さが示された格好だ。どうしてそんな失態が起きるのだろう？

全国には、原発事故で避難をしている人が大勢いる。福島県から県外に避難した人数は３万1,483人（2019年７月10日現在、復興庁発表）とされる。この統計でカウントされている人数はごく一部に過ぎない。県内に避難した方や、福島県だけでなく関東圏等から遠方に避難した方や、国外に避難した方もいる。まずその避難の実態を把握するのが先決だと誰もが考える。しかし、政府はそれをしない。その仕組みもつくっていない。

総務省が東日本大震災で立ち上げた「全国避難者情報システム」に登録しない人は世の中に存在しないのと同じ扱いである。最初から制度の仕組み自体が原発避難者を軽視しているのだ。

把握の難しさもある。避難者の生活状況は、時が経てば経つほど個別化していき、それぞれ固有の困難を抱えるようになる。特に孤立化は深刻だ。行政の包括的な網では、簡単に把握できなくなっていく。一人ひとりの状況に丁寧にフォーカスしなければ見えなくなってしまうのである。原発事故で避難した子どもがいじめを受けると聞くが、子どもたちの社会的孤立を示す事態である。

その一方、国や福島県は、事故から６年経った2017年３月末で区域外避難者に対する住宅無償供与の支援を打ち切った。そして、８年後の19年３月には家賃補助の支援までも打ち切った。どれだけの人がこの冷酷な打ち切り措置で辛（つら）い思いをしただろうか。2017年５月、母子で東京に自主避難をしていた50代の女性が、避難先近くの公園で首を吊って自死した。彼女はまぎれもない原発避難者であり、避難生活の中で心身をすり減らし、病にたおれ、葛藤の中で落命した。しかし、彼女の死は災害関連死にもカウントされていない。

原発事故の避難者はきちんと把握もされず、生活状況の困難さを訴えても向き合ってもらえないうちに、無慈悲にも一斉に切り捨てられている。一人ひとりの息づかいが見えるところまでアウトリーチしなければ被害の実像はいつまで経っても見えてこない。

4 「復興災害」と災害関連死

塩崎賢明神戸大学名誉教授は、被災地の現実を「復興災害」と表現する。「災害復興」の誤記ではない。復興のプロセスで新たな苦難を背負った人々の二次被害を「復興による災害」という意味で「復興災害」と呼ぶのだ。

阪神・淡路大震災における借上げ復興住宅の高齢居住者は、復興災害の典型例だが、そのほかにも、震災復興再開発という大事業によって生業や生活の犠牲を余儀なくされた人々、解体工事のアスベストで中皮腫の危険を抱えた人々、復興の歩みから取り残された震災障害者など、さまざまな復興災害の被害者が阪神・淡路大震災の被災地に存在する。

何よりも無念なのが災害関連死である。「直接死」は災害の物理的影響で死亡する事実死であるが、「関連死」は災害の生活上の影響で死亡する社会死である。阪神・淡路大震災では、厳寒の避難所でインフルエンザが猛威を振るい、多くの避難者が死亡した。この人々は災害関連死と認定された。

関連死の悲劇は、東日本大震災でも繰り返されている。陸前高田市に住む佐々木陽介さんは、津波によって両親を奪われ、生業だった小売店も失った。妻と共に店の再建に奔走したが、順調に進まなかった。大学進学する長女の学費も工面する必要があった。震災があった年の12月、陽介さんは心筋梗塞で逝去した。56歳だった。妻は、「なぜ夫は死ななければならなかったのか」の答えを求めたが、市役所は単なる病死で災害とは無関係だと断じた。地元で被災者支援に取り組む在間文康弁護士が遺族の代理人として提訴した。その結果、盛岡地裁は災害関連死と認定した。妻は、夫の死が災害によるもので、自己責任ではないという判断を得て、少し心の整理ができ、前を向くことができたという。

熊本地震でも、熊本市民病院で心臓病手術の成功後入院していた4歳の女児が、病院が被災したため福岡市の病院に転院した。ところが、長時間の移送で容体が悪化して5日後に死亡した。この女児は災害関連死と認定された。父親

は「娘は病気には勝ったんだ。強かったんだと思う」と涙を流したという。

公的に災害関連死と認定される意味は大きい。「どうして自分の家族が死んだのか」「災害のせいなのか、私が悪かったのではないか」と答えのない問いに悩む遺族に対し、心の整理の一助となり得る。

東日本大震災では災害関連死は3,723件に上る。特に、過酷な避難生活が今も続く福島県では2,272人を数え、直接死（1,614人）をはるかに上回っている。熊本地震では、直接死50人に対し、関連死は227人だ（いずれも2019年３月31日現在）。

災害関連死は「災害によって死亡した」という因果関係に目が奪われがちだが、「救うことができる命」だったという点を見逃してはならない。しかし、なぜ災害復興のプロセスの中で救うことができなかったのかという問いに対して、十分な調査も、検証もなされていない。東日本大震災の関連死の総括が未了であることは、熊本地震や西日本豪雨で関連死が続いていることと無関係ではない。

災害関連死を考える際、見落としてはならない点がある。関連死の認定は、災害弔慰金の申請をしてそれが認められた場合に限られているということだ。

東日本大震災の翌年の夏、宮城県の仮設住宅で50代の男性が自殺した。状況からして関連死と認定されてしかるべきケースだったが、母親が「苦労しているのはうちだけじゃないから」と言って申請をしなかった。地区の民生委員も「あえて申請をしない方がたくさんいた」と証言している。

あしなが育英会東北レインボーハウス所長の西田正弘さんは「災害や事故で大切な人を喪った遺族にとって申請という行為は容易ではない。どんな手続きがあるかもわからない。災害関連死の実態が見えてこない要因の一つは申請主義です。」と語る。多くの災害関連死が埋もれたままになっていることは想像に難くない。

「復興災害」を防ぐためには、一人ひとりに寄り添い、被害の実態を直視し、なぜそのような理不尽が発生するのか原因を突き詰めていくことが必要である。災害関連死と思われるケースに積極的にアクセスしていくアウトリーチの努力が不可欠である。

災害対策を考え、学ぶ

5 「制度」ではなく「人」を中心に考える

不思議なことに、従来の災害対策基本法には「被災者」という言葉がほとんど登場しなかった。行政による行政のための行政法だったからだ。しかし、東日本大震災を受けて、2013年、災害対策基本法が大改正され、被災者の命を最大限に尊重するという理念が盛り込まれた。ただし、それは建前で、被災者は保護の客体に過ぎず、生活再建の主体として扱われていない。法律的にいえば主権者ではない。改正法は、被災者に目を向けているが、その目線はあくまで行政目線なのだ。

東日本大震災の直後、政府は、有識者らでつくる東日本大震災復興構想会議を設置し、大急ぎで『復興への提言――悲惨のなかの希望』(2011年６月)を取りまとめた。これが以後８年にわたって展開される復興の基本方針の素地になったが、50ページにわたる提言の中に「被災者」という言葉が登場するのは

わずか20箇所。しかも、救援や見守りの客体として扱われているのに過ぎない。被災者は主体ではない。そして、この提言を要約した「復興構想７原則」には、被災者という言葉は登場せず、「国」「日本経済の再生」「国民全体」という言葉が空虚に躍っているだけだ。一人ひとりの被災者を軽視する構想は、最初から決まっていた既定路線だったようにさえ思える。

「人」を制度の中心に据えず客体にとどめるとどうなるか？　物事はシナリオ化した「制度」に従って進んでいく。人のために「制度」が活用されるのではなく、人を「制度」という器に押し込める作業になる。

一般の法律に登場する「人」は権利義務の帰属主体である。日本が国民主権の国だからだ。復興の過程で活用される「都市計画法」や「都市再開発法」「土地区画整理法」といった都市法に出てくるのも「権利者」としての人である。しかし、そこには「生活者」としての人はイメージされていない（だから、地権者の中に、借家人は入らない制度の建て付けになっている）。しかもこれら都市法は平時の法律なので、災害時の傷付いた被災者の存在は想定されていない。こうした法の枠組みが、必然的に「想定外」をつくり出しているのである。

災害法制が「人間不在」で構成されている。あるいは生活目線が足りない。そうなると、どうなるか。ただ法律を適用するだけでは被災者は救われないということになる。こうした法律の「弱点」を克服するために、支援者がオーダーメイドの支援計画をつくっていく必要がある。まず支援に当たる私たちが、こうした法律的な構造を意識する必要がある。

6 想像力なくして防災は成立しない

日本という災害列島で生きていくうえで、防災力は欠かせないチカラである。防災対策は、災害を想定し、被害を予想し、対策を検討する営みで、その基礎は想像力にほかならない。想像力は多かれ少なかれ誰でも持っている能力である。ところが、国や自治体が災害対策や制度設計する場面では、決定的に想像力が欠けることがある。想像力なくして災害対策は成立しない。

首都直下地震は必ず起きる。マグニチュード７級の地震が30年以内に70%の確率で起きると公表されたのは2013年12月のこと。国の中央防災会議がまとめた報告書の想定では、最悪の場合、死者が２万3,000人、建物の全壊・全焼が約61万棟、経済被害が約95兆円に上るとされている。地震発生直後には約

５割の地域が停電、電話は９割が通話規制、地下鉄は１週間、私鉄・在来線は開通するまで１カ月程度を要し、主要路線の道路啓開に少なくとも１～２日かかるなど細かな被害も想定されている。

しかし、首都直下地震の最も重大な懸念は、政治や経済の中枢機能への重大なダメージではないか。この点について報告書は「永田町、霞ヶ関等の都心周辺及び東京都庁の立地する新宿副都心周辺は、比較的堅固な地盤に位置しており、官公庁施設の耐震化も順次進められていることから、建物が倒壊するなどの大きな損傷が生じるおそれは小さい」などと指摘し、政治機能の喪失は起きないことを前提としている。

だから切迫感も危機感も伝わってこない。国政のトップに立つ総理大臣が災害死してしまう映画『日本沈没』(1973年、2006年）や『シン・ゴジラ』(2016年）の方が、ずっとリアリティを感じる。トップ自らが危機意識の欠如を自省すべきだ。

2019年の台風15号では、東京都の伊豆大島などで甚大な被害が発生したが、災害救助法の適用に１週間もかかった。台風19号では特定非常災害の指定をするときに、当初、千葉県や東京都の諸島部が漏れてしまうという事態も起きた。中心部から目が届かない地域の被害に対する想像力が不足していたと言わざるを得ない。

「首都直下地震対策特別措置法」(2013年12月施行）は、対策すべき区域を指定して各自治体で計画を練るという法律だが、制定から４年経った時点で「特定緊急対策事業推進計画」をつくった「緊急対策区域」(１都９県309区市町村）が１つもないという事態が明らかになっている。「特定緊急対策事業」の仕切り直しが必要だろう。

首都災害は、質的にも量的にも特殊である。「災害対策基本法」の枠組みでは被災者を救えない。言い換えると、首都災害を前提にすると、被災者支援の仕組みは、全体のバランスが崩壊する。首都災害用の被災者支援策の特別措置を設けないと、首都災害の被災者と、他の災害の被災者が共倒れになってしまう。

一人ひとりの被災者に寄り添って対応する「災害ケースマネジメント」を首都災害で実行するために想像力をフル回転させる必要がある。

7 情報リテラシーと情報弱者

「想定する」という作業は、「空想する」こととは全く違う。何らかの根拠があるのが「想定」だ。

「100年周期で南海トラフ地震が起きる」という科学的知見（A）

「今から約75年前に昭和東南海地震が起きた」という事実（B）

この２つのことが根拠となって「南海トラフ地震が迫っている」という想定（C）が成り立つ。「A＋B＝C」ということだ。

こうした事実や科学的知見を「情報」と呼ぶ。私たちが情報をどれだけ的確に把握して活用できるかで、想定力・防災力のレベルが決まる。

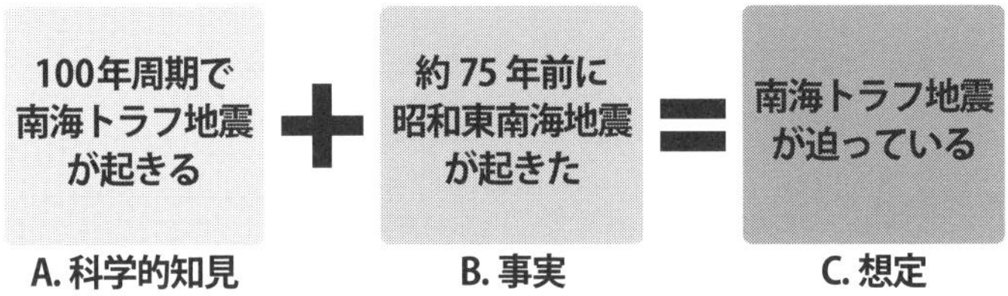
100年周期で南海トラフ地震が起きる
約75年前に昭和東南海地震が起きた
南海トラフ地震が迫っている
A. 科学的知見
B. 事実
C. 想定

ところが日本では「情報」という言葉があいまいに扱われている。英語のインフォメーションも「情報」と訳され、インテリジェンスも「情報」と翻訳されている。この両者の違いが日本では意識されていない。

インフォメーションとは単なる生の情報で、伝え聞いたそのままの事実や噂も含めた、雑多な情報群というイメージだ。これに対し、インテリジェンスは、加工・抽出された情報で、信憑性を吟味した上で分析や解釈を施したものである。判断や行動をするために必要な知恵と言ってもよいだろう。どちらも大事だが、災害対策では、言うまでもなくインテリジェンスが特に重要である。

大きな災害に襲われると、インフォメーションとインテリジェンスが渾然一体で発信される。中には「ライオンが逃げた」「地震雲が見えたので大きな余震が起きる」などというデマも含まれる一方で、「津波のときは避難所ではなく、緊急避難場所に逃げなければならない」といった生命を守るために不可欠な情報もある。

デマの防止は拡散される前に止めることに尽きる。「流言は智者にとどまる」（『荀子』）という言葉があるが、緊急事態ではその「情報」の真偽を判断する情報リテラシーが求められる。情報リテラシーが不足している情報弱者は、災害の前では惑わされ、取り残され、とても弱い存在になる。避難を訴える防災無線の叫び声が聞こえない聴覚障害者や、日本語がわからない外国人は、災害直後にクローズアップされる典型的な避難行動要援護者である。しかし、情報弱者は見えないだけで、社会の中に膨大に存在する。

情報弱者の問題はむしろ生活再建期こそ注目しなければならない。被災地でありがちな情報弱者のケースを紹介しよう。公費解体という制度がある。大きな災害になると半壊以上の建物であれば、行政が解体費用を負担してくれる。解体費は百万円単位の金額になるから、被災者には大きな助けになる。ところが公費解体の期限が近づくと、「早く申し込まないと費用は自己負担になってしまう！」という強迫観念からか、公費解体の申請者がドッと増える。

当然のことだが、自宅を壊せば住む家がなくなり、仮設住宅に入り、やがて

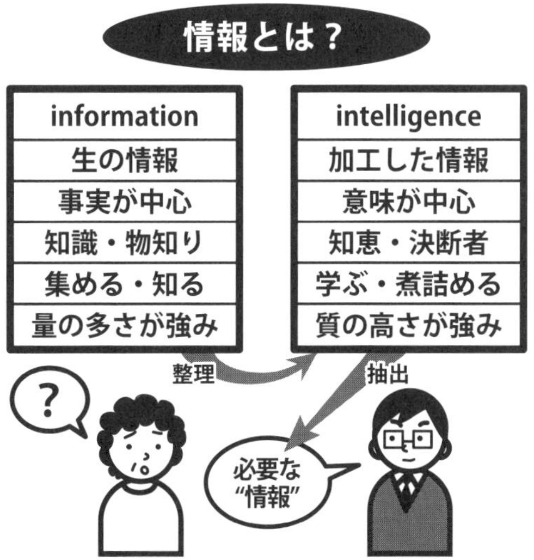

その人のニーズに合った情報を、届ける支援が必要

退去を求められ、借上げ復興住宅に転居することになる。数年すると家賃が上がり、やがてそこからも退去を求められる、このような顛末が待ち受けている。公費解体を選択しても、自力で新築できなければ、住居を失った結果だけが残り、後悔している被災者はたくさんいる。

家を解体せずに修理して住むという選択もある。彼らは、災害救助の応急修理の制度があることを知らず、最良の選択をする知識・知恵を持ち合わせない情報弱者なのである。

必要な場面で情報弱者に寄り添い、そのときの課題や希望を把握し、その人にとって的確な「情報」を届ける「よろず相談窓口」(コンシェルジュ)が必要なのだ。インフォメーションを整理し、インテリジェンスを抽出して被災者に提供することは、生活物資支援を届けると同じように重要な支援なのである。

8 人を救うために災害を学ぶ

近年、次々に災害が起きる。「災害は忘れた頃にやってくる」（寺田寅彦）というより「災害は忘れる前にやってくる」という感じだ。むしろ問題なのは、災害が起きると1つ前の災害のことを忘れてしまい、まるで事が済んだように塗り替わる社会の忘却現象である。2019年は8月末に佐賀水害があり、次に台風15号が千葉を襲い、さらに台風19号の大災害と続いた。わずか2カ月で佐賀や千葉の被災地を遠い過去のものとして扱っていないか。いわば「新規災害による前災害の上書き消去現象」とでもいうべきか。無意識の営為だが、現存する一人ひとりの被災者にはとても残酷な仕打ちだ。

私たちが、目の前の被災者に寄り添うに当たり、まず第一の事前準備は、「学び」である。災害ケースマネジメントは、さまざまな支援策を組み合わせたパッケージであるから、既存の支援策を学んでおく必要がある。新たな支援策を構築するときも、過去または他国の事例を学ぶことでヒントが見つかる。支援策を有効に使いこなすには、原理やポイントを学ぶ必要がある。忘れてはならないのは、私たちが災害を「学ぶ」意義はまさに他者を救うところにある、ということだ。

室崎益輝神戸大学名誉教授は、阪神・淡路大震災を体験したことで、長年にわたる研究者としての姿勢が一変したという。時間をかけて分析して客観的に報告をするような一般的な学者像から、一人ひとりの被災者に必要な事柄を直ちに助言する現場主義、人間を第一とするヒューマニズムを重視する姿勢に変わったという。「現場」と「学び」は常に一体でなければならないという室崎教授の姿勢から私たちが学ぶべきことは多い。

室崎教授は、災害の教訓は国内外でつながり合っているという。たとえば、阪神・淡路の復興基金（41項）のシステムは、台湾の921大地震（1999年）で踏襲され、新潟県中越地震（2004年）で発展したが、この復興基金の原型は雲仙普賢岳噴火災害（1991年）や北海道南西沖地震（1993年）にある。すべてはつながっているのである。人間は困難から立ち上がることができ、立ち上がるときにさまざまな学びを得る。災害が、人間の愚かさと誤りを露出させ、そこから反省が生まれ、それが人間を強くさせる。その営みが「学び」なのであり、人間の力なのである。そのことを信じることも支援の心得だ。室崎教授の言葉から、人を救う基本が何であるかを学ぶことができる。

加藤孝明東京大学教授は、世界中の数々の災害復興を研究した結果、すべてに共通する「災害復興の６法則」があると提唱している。学びのポイントとしても重要である。

①「どこにでも通用する処方箋はない」

時代・地域・災害状況はすべて違うので、万能の対策マニュアルはなく、その都度異なる処方箋が必要で、以前の焼き直しでは役に立たないということである。

②「災害・復興は社会のトレンドを加速させる」

過疎化が進行している地域では過疎化にドライブがかかり、成長している地域では成長がさらに加速する。さまざまな面のトレンドがすべて災害復興のプロセスの中で加速していくということである。

③「復興は、従前の問題を深刻化させて噴出させる」

復興の場面で突然に新しい課題があらわれるわけではなく、今まであった地域の課題が深刻化する形で出てくるということである。逆に言えば、災害が起こる前から、地域の課題を学んでおくことが有効だということである。

④「復興で用いられた政策は、過去に使ったことがあるもの、少なくとも考えたことがあるものである」

世界の復興事例で共通している教訓は、被災してから突然に新しい施策が出てきた例はなく、過去から学ぶことにより必ず答えは見つかるということである。東日本大震災で立法された、被災ローン減免制度（43項）、義援金の差押禁止法などは阪神・淡路大震災の教訓を活かしたものであり、原発事故子ども被災者支援法などはチェルノブイリ法や国連人権委員会における国内避難に関する指導原則（26項）をモデルに構築されたものである。

⑤「成功の必要条件１：復興の過程で被災者、被災コミュニティの力が引き出

されていること」

成功は、何か物が完成することではない。ハコモノ主義ではなく、むしろ人間や地域の力が引き出されていることが成功の必要条件であるということである。

⑥「成功の必要条件２：復興に必要な４つの目のバランス感覚＋α（外部の目）」

ここでの「４つの目」とは、時間軸で近くを見る目と遠くを見る目（目の前のことと、将来のこと）、空間軸で近くを見る目と遠くを見る目（個別のことと、全体のこと）であり、「＋α」とは外部の目のことである。

こうした６つの視点は、災害ケースマネジメントの実施者が持つべき基本的な素養ともいえる。とりわけ、法則④は、被災前からしっかり議論して学んでおくことが大切である。それが災害復興のセンスを内面化させ、生活再建の支援力を高めることにつながる。

災害復興の６法則

① どこにでも通用する処方箋はない
② 災害・復興は社会のトレンドを加速させる
③ 復興は、従前の問題を深刻化させて噴出させる
④ 復興で用いられた政策は、過去に使ったことがあるもの、少なくとも考えたことがあるものである
⑤ 成功の必要条件１：復興の過程で被災者、被災コミュニティの力が引き出されていること
⑥ 成功の必要条件２：復興に必要な４つの目のバランス感覚＋α（外部の目）

災害制度の何が問題か

9 現状の災害制度の4つの弱点

支援策には、災害の支援制度、平時の福祉制度、民間の支援メニュー、助成金や金融、生活の知恵などいろいろあり、それらを組み合わせた計画を立てるのが災害ケースマネジメントである。さまざまな支援策の中で、やはり柱となるのは災害の支援制度である。その長所と短所を知っておくことが重要だが、支援者として押さえておきたいのは短所や弱点である。

災害制度の問題点を整理すると４つに分けられる。

１つ目は、そもそも支援制度がないケース。

阪神・淡路大震災の時には、自宅が全壊してもそれを補償する制度はなかった。その後、被災者生活再建支援法ができて、居住者に対する支援金はできたが、今なお一人ひとりの商店主などの事業者やアパート経営者には何らの補償もない。制度がないということは、公金を支出する根拠がないということ。災害ケースマネジメントも法律などで制度化されていないため、直接、行政予算を確保しにくい。制度がないこと自体が問題である。

２つ目は、制度はあるが、その中身が不合理であるケース。

災害支援制度の中には、不合理な内容のものがたくさんある。「被災者生活再建支援金は半壊以下の人には出ない」「り災証明書がないと被災者として扱ってもらえない」「家屋の補修の支援はとても貧弱」「応急修理をすると仮設住宅に入れない」「災害救助で土砂・竹木を除去したときも仮設住宅に入れない」「被災者生活再建支援金で賃借時の加算支援金50万円を受け取ると公営住宅に入れない」「同じ台風被害なのに支援金が出る自治体と出ない自治体がある」などなど。「どうしてそうなるの？」と首を傾げる法の不備が数多く存在する。

３つ目は、制度自体は問題ないが、その使い方が悪いケース。

災害救助法は、本来、被災者の人権保障の法律であり、被災者の命や生活を守るために存在している。ところが、生活保護の「必要即応の原則」と同じ運用をして、必要がないと判断して支援を早々に打ち切ることがある。災害救助法では金銭給付もできることになっているのに、「現物支給の原則」などと法律に書いていない運用原理を立てて、頑なに金銭給付をしないという行政の実態もある。現場で多く見られる使い方の誤りである。

被災者生活再建支援法では「長期避難」の場合には支援金が出るが、現実に長期避難を強いられている原発避難者には自然災害ではないという理屈で支援金を支出しなかった。これなどは誤運用の確信犯といえる。

４つ目は、制度のことを知らないか、無視しているケース。

災害救助法には、現場の状況に応じて弾力的に対応できるように「特別基準」という手法が用意されている。自治体の担当者がその仕組みを知らないのか、手続きがわからないためか、特別基準を使おうとしない。また、大規模災害借地借家特措法には５年を限度とする特別の「短期借地権」が定められている。仮設住宅の建設用地は確保が難しいと言われているが、短期借地権を活用すれば、公有地だけではなく民有地まで選択肢が広がるのだが、被災自治体の担当

災害制度の４つの弱点

① 制度がない
② 中身が悪い
③ 使い方が悪い
④ 無知

部署に馴染みのない制度であるためなのか、今まで一度も適用の申し出がない。
あるいは、原発事故子ども被災者支援法のように、存在は知っているが政策と合わないので「理念法に過ぎない」と強調して故意に無視し、法の精神を骨抜きにするようなこともある。

「支援制度があれば安心」ということではなく、正しく理解し、しっかり活用しなければならない。一人ひとりの被災者は、支援制度の裏事情など知るはずもない。支援制度の使い手である私たちが、きちんと意識しておくことが大切だ。

10 災害制度のタテワリとスキマが引き起こす弊害

法律にはそれを担当する所管省庁がある。災害救助法や被災者生活再建支援法は内閣府（防災担当）が所管するが、生活困窮者自立支援制度や高齢者・障害者の支援制度の所管は厚生労働省である。細かいことをいうと、災害救助法はもともと厚生労働省の所管だったから通知・通達やこれに基づくノウハウは同省に蓄積されている。被災者生活再建支援法の事務を扱っているのは公益財団法人都道府県センターという全国知事会の外郭団体であるが、その職員の多くは総務省から来ており同省と関係が深い。

災害の現場である自治体に降りてくると、さらにややこしくなり、たとえば市町村単位だと、災害救助法のうち、被災者救助は危機管理課、避難所運営は生活福祉課、仮設住宅管理は住宅課、災害救助費管理は会計課といった具合に、所管が分かれる。

そうなると「現場で問題が起こりました！」と叫んでみても、「すみません、うちの課の担当ではありません」などと追い返され、被災者はタライ回しの二次被害にあい、行政窓口も混乱する。平時からよく見られる「タテワリの弊害」であるが、災害時にはこれが錯綜し、混乱に拍車がかかる。

最近は、自治体がワンストップの窓口をつくったり、対策本部を立ち上げて

横断的連携を図ったりして調整に努めているが、それだけでは解決しない。なぜなら制度自体がタテワリだからだ。

たとえば、マンション１つとっても、法務省が所管する「区分所有法」「被災マンション法」と、国交省の所管する「マンション建替円滑化法」がある。被災したマンションを取り壊したり、売却したりするスキームは、どちらの法律にも規定されているが、その要件は微妙に違っている。趣旨、目的、手続きが違うからである。法律のプロでも差を理解するのは困難だ。

制度がタテワリだと、制度と制度の間にスキマができる。このスキマに落ちて苦しむ被災者が続出する。

東日本大震災の被災地で仮設住宅の提供が始まった際のこと。自宅が大規模半壊だった山本芳夫さんは、本来なら仮設住宅に入居できるはずだったが、災害救助法の応急修理制度を利用したので、入居資格がなくなったというのだ。応急修理制度と仮設住宅入居は、別制度で両方は選択できないという理屈が立ちはだかった。仮設にも入れなかった山本さんは在宅被災者になった。

宮城県のＸ町では、災害公営住宅の入居時には保証人を立てることを要求するが、同居の家族以外で、Ｘ町に居住している人に限るという要件を課している。津波で多くの知り合いを亡くした人々には酷な条件である。

宮城県のＹ市では、税金滞納歴がある人は災害公営住宅に入居できないという条件が課されている。公共のサービスの恩恵を受ける以上、きちんと市民の義務を果たすべきという行政の思想によるものだ。平時の要件では通じるかもしれないが、震災の後の困窮で税金が払えない人もいる。平時と災害時の制度のスキマを埋める工夫がない。これが足かせになって、仮設住宅からいつまで経っても抜け出すことができない被災者がいる。本当に困っている人が救われない。

災害公営住宅の場合、普通の公営住宅のような収入要件が外され、収入超過している人でも入居できる。しかし、年数の期限で特例が終了すると、収入超過を理由に退去を求められることがある。

岩手県のＺ市では、特例終了で３万円程度だった家賃が急に十数万円に跳ね上がった。民間の賃貸ではあり得ない事態が起き、退去を迫られた人が出た。

震災で家を失い、やっと災害公営住宅で新たな一歩を踏み出したのに、住宅を奪われるのは悲惨である。

これらはすべて現実に起きた事例であり、しかも自治体によって差がある。隣の市では災害公営住宅に入居できるのに、こちらの町では不可というケースも少なくない。被災者にとっては理不尽以外の何物でもない。

こうした制度の「スキマ」は、決して悪意によってつくったわけではない。制度がタテワリであることに加え、それぞれの制度ごとにそれなりの理由がある。しかし、生活者の立場からすれば、ちょっとした制度間の不整合であっても生活再建へのダメージは甚大である。

中には平時の条件を解除し忘れ、災害時にトラブルを起こしていると思われるケースもある。結局、足らないのは制度設計上の「ちょっとした配慮」なのだろう。こうした実情を的確に把握し、個別の解決をフォローするマネジメント力が求められている。「制度の使い方を知る人」が必要なのだ。

制度と制度にスキマがあると…

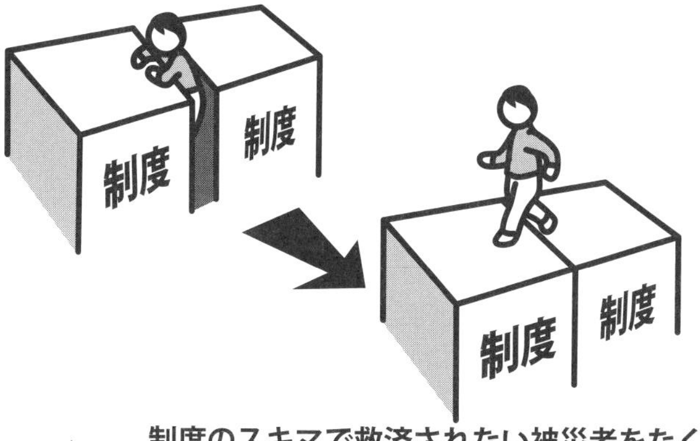

制度のスキマで救済されない被災者をなくす

11 実態無視と特例主義の横行の弊害

あってはならない災害関連死が何度も繰り返されるのは、きちんと実態調査をせず、検証も行っていないところに原因がある。反省が生かされていないからだ（日本弁護士連合会『災害関連死の事例の集積、分析、公表を求める意見書』2018年８月23日付参照）。

在宅被災者のケースも同様だ。阪神・淡路大震災のとき、70歳と50歳の親子が全壊家屋で４カ月も息をひそめて暮らしていたが、ほとんど注目もされなかった。東日本大震災では大量の在宅被災者が出て、災害対策基本法にも在宅避難をフォローする条文（86条の７）が設けられたものの、常総水害（2015年）でも、熊本地震の被災地でも多数の在宅被災者が出た。部屋の壁に亀裂が残ったままの被災者や、現在も農機具の倉庫で寝泊まりを続ける人もいる。益城町で在宅避難者への個別聴き取りをした件数は3,000件を超えたが、３年経ってもなお全数把握はできていない。

大阪府北部地震では、屋根のブルーシートがボロボロになったままだが外せ

り災証明書の交付を受けるために役所に詰めかけた被災者

ず、雨漏りの修繕もできない人がたくさんいるが、その実数はわからない。

いくら法律や制度ができても、実態の把握さえできないということでは、何も手を打つことができない。次の災害でも同じことが起きてしまう。

次の２つのことが不可欠だろう。

第１に、問題の核心に迫る実態調査だ。実態調査の懈怠は必然的に二次被害を産み出す。

第２に、特例主義の見直しだ。

東日本大震災では、さまざまな特例が出された。たとえば、災害援護資金貸付で無利子の貸付が制度化されて活用されたが、あくまで特例という扱いだったため、熊本地震では適用されなかった。義援金の差押え禁止の制度も特例であったため、義援金が再び差押えのリスクにさらされた。

本来、法律は、恒久的かつ一般的な仕組みである。特定の災害だけの特例ということでは、法的安定性を欠く。たとえその場しのぎの特例であっても、被災者支援に有効な効果が認められた時は、きちんと恒久的な一般法に昇格させる手間を惜しんではならない。

たとえば、義援金の差押禁止法は、東日本大震災の特例法だ。その後も、熊本地震、西日本豪雨、大阪北部地震で特例法がつくられたが、たまたま国会が開催されていたから何とかなったに過ぎない。会期のはざまで起きた北海道胆振東部地震や平成30年台風21号では特例法がない。公正さを欠いた不平等な事態だ。こんなことが起きないよう、災害対策基本法の「災害」で寄せられた義援金の差押えを禁止する恒久法をつくる必要があるのだ。

12 最大の原因は申請主義

なぜ被災者たちは取り残されるのか。現場で実態を突き詰めていくと、「申請主義」の弊害が浮かび上がってくる。

申請主義は、「制度を利用するには申請の手続きを取らなければならない」という、日本の福祉制度を貫く大原則である。生活保護の水準であっても、実際に生活保護を受けるには申請が必要である。生活保護の捕捉率（＝生活保護受給世帯÷基準を下回る世帯）は、国や研究者の推計によると約２割で（ちなみに欧米では６～９割）、残りの約８割の世帯は申請をせず困窮の中で日々を過ごしている。

高齢者支援、障害者支援、母子家庭支援などほとんどの福祉的支援が、申請することが前提になっていて、申請を要しない支援制度は虐待児童保護などごく一部に限られる。

災害支援制度も同様である。り災証明書の交付を受けることがすべての起点になるが、交付されるのは申請した世帯だけだ。り災証明の交付を受けても、申請しなければ被災者生活再建支援金が支給されない。そのほか、自治体の被災者向け補助金も申請手続きを必要とする。たとえ支援が必要な人で、支給資格のある人でも、申請がなければ取り残される。

宮城県では、被災者生活再建支援金の支給対象世帯のうち602世帯が未申請のままで、少なくとも２億2,575万円が支給されないままになっているという（「河北新報」2018年４月１日付）。在宅被災者の中にはり災証明書さえ申請していない人がいて、この602世帯の中にさえ含まれていないことになる。私が担当したケースでも、家族が災害関連死してから７年もの間、申請をためらっていた。

原発事故の避難者には、全国避難者情報システムに登録していない人が多数いて、孤独の中で日々を過ごしている。申請しないことは決して珍しいことではないのだ。

　ではどうしてニーズがあるのに申請をしないのか。在宅被災者の支援にかかわる支援者たちには申請できない理由はさまざまあって、一人ひとりの被災者が置かれた境遇を直視する必要があると指摘する。また、長年にわたって病気や事故、自殺、災害等で親を亡くした子どもと家族に寄り添ってきたあしなが育英会東北レインボーハウス所長の西田正弘さんは、死別直後の喪失感・非現実感の中で、生活再建のための仕事探しや子どものケア等にエネルギーを使い果たして疲れ果て、その一方で数々の申請の手続きをしなければならない過酷な現実を目の当たりにしてきた。自分の力で支援情報にアクセスすること自体が大変だ。「SOSを出すこと自体がはばかられる文化の中で申請手続きというハードルを越えるのは容易ではない」と指摘する。

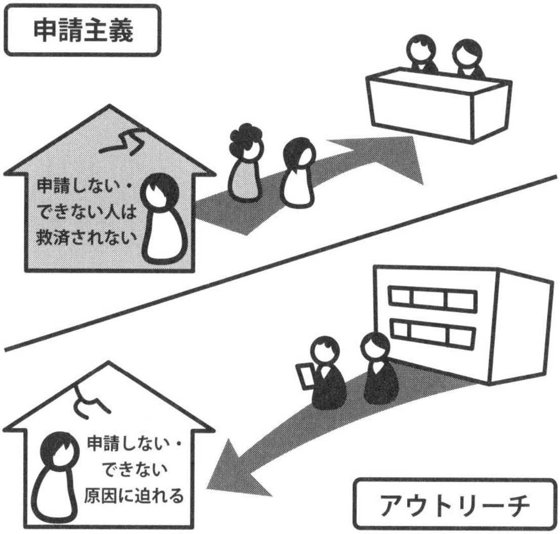

　申請する必要も資格もあるのに、申請をしない理由は４つに分類できると考えられる。
　第１に、「支援制度を知らない」というケースがある。単純に「知らない」というだけでなく、自分には無関係であると誤解をしている人もいる。
　第２に、「能力的限界から申請手続きができない」というケースがある。これは手続きが難しかったり、必要書類が膨大だったりする制度の側に原因があることもあれば、数多く存在する制度で何を申請したか覚えていないなど高齢者や現実に向き合えない心的疾患や知的障害など申請者側の事情に由来する場合もある。

第３に、「絶望している」ケースがある。どうせ申請しても却下されるだけだとか、部分的に支援をしてもらっても焼け石に水だと思っている。骨の髄まであきらめが染み付いた在宅被災者の心情が想起される。

第４に、上記の３つに含まれない個別性が高いケースがある。

岩手県では、「遺児家庭支援専門相談員」を置いて被災遺児への家庭訪問を行い、心のケアを行いながら、支援情報を伝えて生活の安定を支えた。

鳥取県では、災害ケースマネジメントを実施して、住宅再建の補助金の申請をしない世帯にアウトリーチしたところ、家計の貧窮、世帯主の病気、家族の意見が一致していないなど、さまざまな事情を突き止めることができた。その問題を解決したところ、申請率は100%に達した（65項〜69項）。

重要なのは、申請主義の壁が立ちはだかっているせいで隠れて見えなくなっている真の原因にたどり着くことなのだ。

申請主義の壁を突き破るには、申請主義を排して職権主義に転換する制度改善を果たすという方法もある。その土台にはソーシャルサポートが不可欠である。そして、何よりもまず一人ひとりに寄り添う信念と何が問題の核心なのかを把握するアセスメントが大切だ。

13 「寄り添い」と行政負担

災害ケースマネジメントは、被災者一人ひとりに必要な支援を実施するため、被災者に寄り添い、その個別の被災状況・生活状況などを把握し、それに合わせてさまざまな支援策を組み合わせた計画を立ててパッケージにし、連携して支援を実施する仕組みのことである。要するに、一人ひとりの被災者に徹底的に寄り添うことだ。民間ボランティアでも、専門職でも、支援団体でも実施はできる。実際、そのような取り組みは数多く行われている。ただ制度として確立し、活動原資を確保し、安定的・持続的に実施するには、行政が実施者となるのが望ましい。

ところが、「寄り添い」という行為には、大きな行政コストがかかるので現実的ではない、という意見を耳にすることがある。そうした意見を掘り下げると、行政は画一的・集団的でなければならないという観念にとらわれている、あるいは、硬直した公平原理に縛られているように感じる。誤解をおそれずに言えば、少数派を切り捨て多数派を選択することに経済性や合理性を見出そうという思考なのだろう。

たしかに、行政にはそうした一面がある。しかし、その一方で、行政には一人ひとりの市民を支える役割もある。たとえば生活保護等の福祉制度や、虐待児童の保護、あるいは消費生活センターにおける被害者対応などはその典型で、最終的なセーフティーネットの責任を負っているのもやはり行政だ。

民間の災害ボランティアには「最後の一人まで」という合言葉があるが（18項）、制度として「最後の一人まで」フォローをすることが行政の本来的な役割なのである。忘れてはいけないのは、行政における多数の制御と少数の救済のバランスだ。

災害の場面でも同じである。とかく災害対応というと、集団的な避難行動や、画一的な災害救助の場面ばかりが強調される。しかし、取り残される人々、漏れ落ちる人々は必ず出てくる。それをできるだけ予防し、困窮状況に陥ってしまう前に救い出すことがトータルコスト的にも有効なのだ。

仙台市は、仮設住宅に入居している方々に個別の寄り添い支援を行った（70項）。その結果、大規模に仮設住宅を供給した自治体の中で、その解消が最も早くなり、かつ、困窮被災者向け就労支援による就労決定率が５割近い高率になったことで、仮設住宅の管理費や生活保護費の削減、さらには就労による税収増加があって、寄り添い支援に掛かった行政コストの1.8倍の効果があったという研究者による試算もある。何よりも、一人ひとりに寄り添うことで被災者の納得度が高かった。いわば、早い・安い・上手いということだ。

寄り添い支援は、行政の人的キャパシティーを超える、つまり人手不足という現実的な懸念も根強い。たしかに人手不足は事実である。

西日本豪雨災害の被災地46自治体を調査したところ、時間外労働が月100時間を超える職員が2,700人以上いたという。限られた職員数で24時間体制を強いられる行政現場の過酷さが浮き彫りになっている。長年にわたって続けてきた行政の人員削減が、いざというときにネックになってしまう。しかし、行政のみが寄り添いの対応をするわけではない。人手が足りなければ、民間の専門家や災害ボランティアなどの手を借りればよい。イタリアやアメリカをはじめ海外の災害現場ではNGOなど民間支援者が最前線に立っている。日本の最近の被災地の現場でも、被災した方々が自ら働き手となって、まさに同じ被災者

被災者に寄り添う人々

目線で寄り添い支援を行っている。上から目線のスペシャリストよりも、共感力と市民感覚に優れたゼネラリストこそ寄り添い現場で主力となるべきである。

現実的に見ても、物資供給・医療・被災者ケアなど、行政が普段やってない分野に手を付けて混乱が生じるのが常である。「餅は餅屋」で、物流業・医師・災害ボランティアなど民間参入を認めた方が圧倒的にスムーズだし、支援の質も優れ、現場の満足度も高い。行政は行政しかできない役割に注力する、それが適材適所というものだ。

災害ケースマネジメントは、こうした官民の垣根を取り払った多様なリソースを活用することにこそカギがある。行政の限界を補うところにこそ重要なメリットがある。行政としては、平時から民間団体やボランティア団体の活動領域や、その力量を見極められるよう関心と情報を持っておくことが大切だ。

り災証明 一本主義からの脱却

14 住家の壊れ方だけでは被害はわからない

「り災証明書」は、あなたが被災したとき、いの一番に手に入れるべき必須の書類である。り災証明書は、被災者の住家の被害状況を証明する公的な書類で、その内容に応じて、税金や公共料金などを減免してもらえたり、被災者生活再建支援金を支給してもらえたりする。応急修理や、災害の特別融資などの支援を受けるときにも、り災証明書が必要である。被災者にとって、生活再建への入場チケットのようなものだ。

災害対策基本法でも、市町村長はできるだけ早くり災証明を発行するよう義務付けている。その体制づくりも努力するよう規定されている（90条の２）。

災害対策基本法　第90条の２

（罹災証明書の交付）

市町村長は、当該市町村の地域に係る災害が発生した場合において、当該災害の被災者から申請があつたときは、遅滞なく、住家の被害その他当該市町村長が定める種類の被害の状況を調査し、当該災害による被害の程度を証明する書面（次項において「罹災証明書」という。）を交付しなければならない。

２　市町村長は、災害の発生に備え、罹災証明書の交付に必要な業務の実施体制の確保を図るため、前項の規定による調査について専門的な知識及び経験を有する職員の育成、当該市町村と他の地方公共団体又は民間の団体との連携の確保その他必要な措置を講ずるよう努めなければならない。

り災証明書には、「全壊」「大規模半壊」「半壊」「一部損壊（準半壊）」「一部損壊（半壊に至らない）」の５段階がある。壊れ具合または損害程度によって区

り災証明書の区分

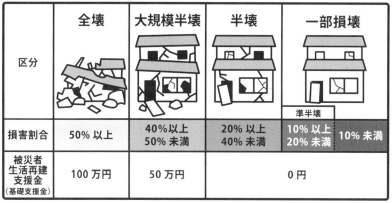

区分	全壊	大規模半壊	半壊	一部損壊	
			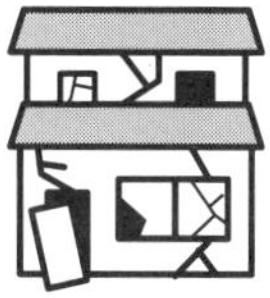	 準半壊	
損害割合	50% 以上	40%以上 50% 未満	20% 以上 40% 未満	10% 以上 20% 未満	10% 未満
被災者生活再建支援金（基礎支援金）	100 万円	50 万円	0 円		

※単身世帯はこの 3/4 の金額
※令和元年 10 月より損害割合 10%以上 20%未満を「準半壊」と区別するようになった。

分される。被災者生活再建支援法に基づく基礎支援金も変わってくる。

①全壊――――――――損害割合50%以上。最大100万円の支給。
②大規模半壊――――――損害割合40%以上。最大50万円支給。
③半壊――――――――損害割合20%以上。支給は０円。
④一部損壊（準半壊）――損害割合10%以上。支給は０円。
⑤一部損壊――――――損害割合10%未満。支給は０円。

り災証明書についてはどうしてもデリケートにならざるを得ない。重要な書類だけに、いかに早く発行するか、判定は正しいか、有利な判定をしてもらうにはどうするか、不服がある場合にどうやって再申請するか、といったところに関心が集中する。

あとで後悔しないよう、家の片付けをする前に被災状況を写真に撮っておくことをお勧めする。特に水害の場合は、水が引いて乾燥すると浸水深がわからなくなってしまうこともある。撮影のポイントは、①被害箇所だけではなく建物の全景を撮ること、②浸水した深さがわかるようにメジャーを使うこと、③被害箇所は遠景と近景をセットで撮っておくことである。こうしてスマホやデジカメで撮った写真を持って、役所の窓口で説明するとスムーズにいくことが多い。

建物被害の判定のポイントを知っておくことも役に立つ。内閣府が判定方法を公表しているものの、一般の人にはなかなか理解しづらい。災害の現場では「建物被害判定のトリセツ」（作成者は田中聡常葉大学教授）がわかりやすいと好評だ。それと併せて現場のバイブルとなっている「水害にあったときに～浸水被害からの生活再建の手引き～」（震災がつなぐ全国ネットワーク発行）も見ておきたい。これらは随時更新されWebで最新版を入手できる。

り災証明をめぐる課題はたくさんあって、どれも大事なことなのだが、根本的な問題点を３つ指摘しておきたい。

第１に、り災証明書は「家の壊れ具合」を証明しているだけで、「被災者の被害の実態」をあらわすものではない、ということである。被災者は、家族の命を失う、心身の故障、失業・収入減、長期避難などさまざまな被害を受ける。証明しているのは人生のダメージのごく一部分に過ぎない。

第２に、被災者から申請があったときに発行すればよいとしている申請主義の問題だ。本当に支援が必要な人が、り災証明書を所持していないことがある。石巻市の在宅被災者には５年間も、り災証明書の存在を知らずに過ごしてきた人がいる。西日本豪雨災害では申請を待たずに先行調査をして発行の迅速化に努めた自治体がいくつかあった。さらに一歩進め、申請を待たずに発行するよう改正すべきだ。

第３に、支援制度の多くが、り災証明書を条件としていることも問題だ。家屋が無事でも、本人の心身が無事でない場合もあり、り災証明書と支援制度がミスマッチしていることもある。そんなときは、り災証明書の存在がうらめしく思うこともある。民間団体が行う被災者支援では、り災証明書以外の方法で条件を設定するものが増えている。「り災証明一本主義」は、行政にとっては便利かもしれないが、被災者にとってはそうでもないことに注意が必要である。

15 世帯単位ではなく一人ひとりに

被災者生活再建支援金は、り災証明のある「世帯」に交付される。この「世帯」という単位は、どれだけ合理性を持っているのだろう。

両親と子どものワンセットで１世帯というのが標準的だが、単身者でも１世帯であるし、サザエさん一家のように複数の家族が同居している場合も１世帯である。１つ屋根の下で暮らしているということだから、「建物」の被害程度を基準にするなら合理性がある。世帯という単位は、日本においては戸籍制度が定着していることもあってさほど違和感を覚えないし、行政における管理・把握にも便利だ。平時の福祉制度も各種給付は世帯単位で行うのが一般だ。

しかし、災害が起きると家庭にも不可逆的なダメージが生じて離婚に至ることが少なくない。原発の避難者には、夫が被災地で仕事を続け、母子が遠方に避難するという世帯が多く、葛藤の末に離婚に至るケースがたくさんあった。こうしたケースで「世帯」に給付される支援金をどうするかが問題になったことがある。「仲良く半分に分けたらいいじゃないか」という意見もあるだろうが、DV離婚や、妻子が困窮状況に陥るケースなど、ことは単純ではない。

離婚した「世帯」への支援金は…？

被災者生活再建支援法は、一応、公平性に配慮して、単身世帯の場合は金額を4分の3に減ずるという特則を設けているが、しかし大人数の家族だからといって増額されるわけではない。中途半端なのだ。

だいたい、1つの家族であっても、一人ひとりの意見が違うのが当たり前。被災した家の再建をめぐって、父親は「修理してこのまま住もう」と言い、母親は「早く建て直して」と言い、息子は「もう隣町に引っ越そう」と言い、意見がまとまらずそのまま雨漏りする家にずるずると住み続けている、といった事例は被災地でよく見られることだ。

被災地の復興まちづくりの合意形成支援に奔走する野崎隆一さん(46項)は、現地で個別相談会をするときにこだわっている点が1つある。それは、ヒアリングには世帯主だけではなく、家族全員で参加してもらうことだ。会議の場では夫が復興方針に強く賛成していたのに、なぜか途中で滞りがちになって、聞いてみたら妻・子と意見が対立し、立ち往生という場面もよく見かけるからだ。野崎さんは、同じ家族であっても一人ひとりの考えをよくたしかめる。現代の血縁関係は脆さが目立つけれども、そこに第三者が加わって重要課題に向き合ったとき、強い絆に転化し、課題の解決に向かうというケースを数多く見てきたと言う。一人ひとりに向き合う災害ケースマネジメントが「世帯」の再生に寄与するということだ。

世帯という鎖で無理に縛り付けるからこそ起きる紛争もある。だからこそ一人ひとりの意見を尊重しなければならないのだ。支援もパラレルに考えた方がよい。支援対象の単位は「世帯」ではなく「一人ひとり」とするのがあるべき姿である。

16 取り残される「なりわい」

り災証明書は「災害に係る住家の被害認定」という行政の判定手続きの結果証明書である。対象は原則として「住家（じゅうか）」である。「非住家」は対象外になる。被害戸数の集計も「住家」と「非住家」を区別して行われる。では「非住家」とは何か？　農家の小屋だったり、工場や倉庫だったり、お店や作業所などである。これらの「非住家」が被災しても多くは支援の対象外で、被災者生活再建支援金も出ない。

現在の支援制度は、住家と非住家をとても厳密に区別する。１階がタバコ屋で２階が住居だった場合、１階が壊れても、２階が無事なら、住宅の被害はなかったことになる。こんな非常識な判定がまかり通るのも、「なりわい」の被害を除外する思想のためだ。

「働く場」は生活の基盤で、自宅の損壊以上に生活に与えるダメージが深刻になる場合だってある。漁業者や町工場など零細事業者であれば住・職が一体となっていて、事業場が被災すると、暮らしていけなくなることもある。しかし、自宅が無事であれば、被災者として扱われない。生活基盤がやられたのに、被災者生活再建支援金はもらえない。かえって困った事態になる。

2011年６月、相馬市の酪農事業者の54歳の男性が「原発さえなければ」と壁に書き残して自死した。原発被害のあった地域では、今なお風化と風評という２つの風に被害を受けている。避難解除されたものの、地元には人もインフラもなく帰還しても商売が成り立たないため帰るに帰れないという声も聞く。

石巻のわかめ養殖業者は、自宅の再建を後回しにして奔走し、借金をして事業所を建て直した。しばらく経って被災者向けの特別融資制度ができたが、遡って利用することはできないと言われ、「頑張って急いで立て直すんじゃなかった、という気持ちになってしまう」と肩を落としていた。実際、借金を残して廃業する零細事業者も少なくない。

これでは被災地に活気が戻るはずがない。事業者に対する支援が必要だ。

しかし、事業者に対する支援メニューは極めて貧弱である。金銭の給付支援はほとんどなく、ほぼすべてが貸付である。

グループ補助金といって、一事業者では認められないものの、複数事業者が共同再建する場合には補助金を支出する仕組みがある。この補助制度は、補助率が高いなど手厚い内容で、被災地で重宝されている。より一層の充実が期待される。しかし、補助金の枠組みに合わせて無理やりグループ化するという本末転倒な運用も散見される。複数事業者だと「公共性」があり、一事業者だけでは公共性がないとする考え方自体がおかしいのではないか。たとえ一事業者であっても、支援が必要であれば補助金を支出するのが正しいだろう。

また、赤字続きで廃業したくても、設備等を途中で処分すると補助金の返還を求められる場合もあって、廃業さえできないという現実もある。生活苦を産み出す不条理さは直ちに見直す必要がある。

とりわけ零細事業者への支援は、生活支援と事業支援の境界線を引くのが難しい。そうであれば、線をひくことに腐心するのではなく、できる限り支援を試みるべきだ。それで事業が再建し、生活も再建し、ひいてはまち全体が復興するなら本望ではないか。

災害ケースマネジメントは、零細事業者に対するケアも必要だ。そこが一般的な福祉施策と違うところである。

17 震災障害者の3つの問題

神戸市東灘区の岡山三郎さんは、震災で崩れたビルのがれきに埋まり、18時間後に救出されたが歩行に障害が残った。他人からの「命が助かって良かったね」という言葉が胸に突き刺さり悩みを打ち明けられなかった。市や県が震災障害者の実態調査を始めたのは震災から15年後。岡山さんは「僕らは見捨てられとったんや」と気付いた。

震災のとき中学３年生だった喜田明子さんは、ピアノが頭部を直撃し高次脳機能障害になり、知的障害、精神障害、身体障害の手帳を持つ身になった。

東日本大震災では重傷者が出た14都県４政令市で、震災による身体障害者として把握されている人数は113人にとどまる。災害障害見舞金を受給したのはたった88人。多くの自治体では調査すら行っていない。

熊本地震の震災障害者は少なくとも29人いる。９人は建物の倒壊で足を切断するなどした身体障害者で、20人はうつ病やPTSDなどの精神疾患。把握できているのは一部に過ぎない。

大きな問題が３つある。

１つ目は、震災障害者の存在が把握できていないことだ。診断書の医師の所見欄に必ず原因が記されるとは限らない。特定非営利活動法人阪神淡路大震災

よろず相談室（理事長牧秀一）は、障害者手帳の申請書類に記す障害の原因欄に「自然災害」を加えるよう求めた。一人ひとりの震災障害者の声を聴いた厚生労働省は、都道府県等に要望通り申請書類に追加欄を設けるよう通知した。何よりも「震災障害者」という存在がいることを私たちがきちんと脳裏に刻んでおくことが大切である。

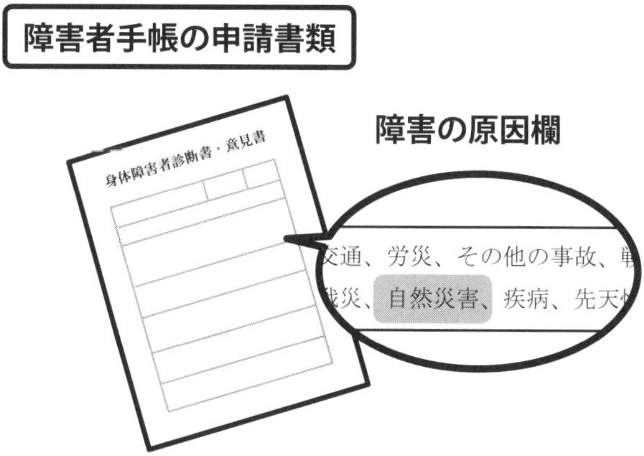

2つ目は、震災障害者への支援のあり方だ。障害の種類も、生活上の困難の内容も、必要な支援もそれぞれ異なる。この一人ひとり異なる障害のニーズに正面から応えることが必要である。しかし現実は明らかに不十分だ。

3つ目は、支援制度がとても手薄なことだ。災害障害見舞金の対象者は両脚切断や両目失明など労災1級相当の最重度障害者に限られる。とても狭き門だ。これに該当しない人は除外されてしまうのである。労災で年金支給の対象となる1～7級までの重度の障害まで要件を緩和する見直しが必要だ。また、支援は見舞金の支給だけで、震災障害者が苦しむ「復興格差の拡大」への手当てもない。必要なのは金銭支給よりも、「人の手」ではなかろうか。

いずれにしても、震災障害者が置き去りにされたのは、り災証明一本主義という制度の基本的な枠組みと、震災障害者一人ひとりの事情に目を向けない制度の狭小さの弊害である。次の災害で同じ苦しみを繰り返さぬよう、第1に制度を見直すこと、第2に制度の枠外に置かれがちな震災障害者に対して災害ケースマネジメントの手を差し伸べることである。

支援策の最前線

18 ボランティアの合言葉「最後の一人まで」

私が弁護士登録したのは阪神・淡路大震災が発生した1995年４月のこと。直前の１カ月は災害ボランティアをやっていた。誰もがボランティアに没頭し、ボランティアという存在の意義を真剣に考えた。この年が「ボランティア元年」と名付けられたのも納得できる。

ボランティアは「自由」「自立」「利他」に本質がある。「言われてもやらないが、言われなくてもやる」は至言だ。憲法には「ボランティア」という単語は出てこないが、憲法が想定している社会の姿がボランティアにあらわれている。ボランティアは民主主義を意味する「市民の市民による市民のための活動」を体現している。世界の被災地に赴いた災害ボランティアによって、日本は「国際社会で名誉ある地位を占める」実績を残してきた。

憲法は一人ひとりの人権を保障する法体系であるから、一人ひとりの自立の支援のために他人が自由に行う活動、すなわちボランティアのために法整備されているといってもよいだろう。たしかに、国家を治める立法・行政・司法が完璧であれば、スキマを埋めるボランティアは不要かもしれない。しかし、そんな国は世界中、歴史上ひとつもない。完璧が存在しない以上、ボランティアは存在し続けるのである。

数あるボランティア活動の中でも災害ボランティアは、誰もがイメージする典型例の１つだ。それだけに注目度が高い。災害が起きるとボランティアのマニュアル集や御法度集のサイトが数多く立ち上がるので、ここではボランティアのノウハウや心得については割愛する。むしろ、ボランティアの作法や手順が強調される風潮に苦言を呈しておきたい。ボランティアの本質は自由にある。また、発生する災害はみな違う顔を持っている。そして、一人ひとりの被災者が抱えている事情は十人十色である。そのことを重視するならば、災害ボランティアは、既存のルールや過去の災害パターンに当てはめようとする力学から自由であるべきだ。

被災地NGO恊働センターの元代表・顧問の村井雅清さんは、「ボランティアは何でもありや！」が口癖だ。それは決して無法を容認する趣旨ではなく、「被災者のためなら何でもあり」という気持ちで腹を括るべきだというボランティアの心構えを示したものだ。村井さんは、阪神・淡路大震災からずっと災害ボランティアの先頭に立ち続け、私もたくさん勉強させてもらってきた。

村井さんは、災害ボランティアとして大切なことは「最後の一人まで救う」点にあるという。この言葉の意味するところはとても示唆に富んでいる。まず、基本的姿勢として、ボランティアは、「すべての人を救う」のではなく「たった一人をも救う」のだという。人は最初から一人ひとりだからだ。行政が固執しがちな公平性の呪縛から解放され、目の前の人を救うことに集中したらいい。もちろん現実には、災害復興のプロセスの中では取り残される人が出て不平等な結果が生じる。在宅被災者や震災障害者などは、いわば100人のうち99人の最大多数の救済のために結果的にひとり取り残された被災者である。

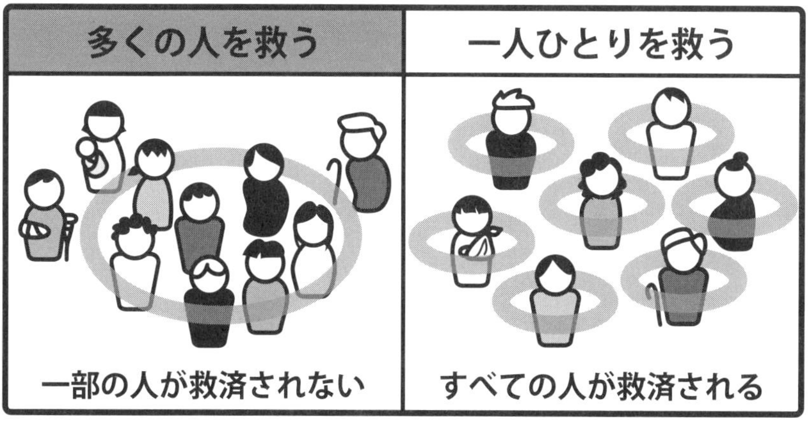
多くの人を救う
一人ひとりを救う
一部の人が救済されない
すべての人が救済される

そのとき、ボランティアが歩みをもう一歩進めて、「最後の一人まで救う」としてみよう。それによって最後の100人目まで救われたならば、そこで全員平等の実現がもたらされる。この考え方は「すべての人を救う」という価値観の大転換ともいえる。たった一人を救うボランティアと最大多数の救済に取り組む行政が、「最後の一人まで救う」ことでコラボできるのである。私は、この論理は、憲法の規定する個人の尊重（憲法13条）と平等権の保障（憲法14条）にほかならないと思う。

このスピリッツを、あえて制度として実現しようというのが、災害ケースマネジメントである。

なかなか両立は難しいかもしれない。しかし、「最後の一人まで救う」と「何でもありや！」という信念を持って現場に臨むことは、一人ひとりを大切にする災害ケースマネジメントの王道であるし、憲法によって支えられたボランティア精神のプライドの実現でもある。

19 医療・保健・福祉分野の連携、そして生活再建

災害直後に傷付いた被災者を救うのは医療である。災害医療支援は一人ひとりの命に直結する。

最も、阪神・淡路大震災では、初期医療体制の遅れにより500名の災害死が生じたともいわれる。その痛恨の教訓から、2005年４月、災害派遣医療チーム「DMAT」が発足した。DMAT（ディーマット＝Disaster Medical Assistance Team）は厚生労働省の下に組織され、都道府県との協定・要請に基づいて医療チームが被災地に派遣される。その費用は災害救助法などで手当てされる。

現在は、DMATの後を引き継いで避難所等の医療を担当するJMAT（日本医師会災害医療チーム）、被災者のトラウマなどの精神科医療に携わるDPAT（災害派遣精神医療チーム）、被災者の日常生活への復帰を支えるJRAT（大規模災害リハビリテーション支援関連団体協議会）など、数多くの医療専門チームが組織されている。

DMATの活動は、災害直後から、一人ひとりの被災者に向き合っている。そもそも医療は一人ひとりの患者が対象だから、考えてみれば当たり前だが、「災害対応の初動は全体的・集団的でなければならない」というドグマから解放されている。

そして、膨大な患者の発生によって起こるキャパシティーオーバーには、一人でも多く救う技術であるトリアージ（患者の重症度に応じて治療の優先度を決める選別のこと）を的確に行うことによって対応している。

最初から最後まで一人ひとりの被災者に向き合っているのである。

もう１つ注目すべき特長は、その自己完結性である。DMATほか医療チームは、自らアウトリーチして情報収集し、アセスメントを踏まえて医療を提供する。そして、その記録を残し、任務を果たしたら撤収する。その動きのロジスティックは他者も大いに学ぶべきところである。

こうした個別の医療支援から、さらに進んで次は被災地における公衆衛生の

確保についても取り組みが進んだ。2018年３月にスタートしたDHEAT（災害時健康危機管理支援チーム＝Disaster Health Emergency Assistance Team）は、主に保健所職員が、災害直後から生活再建期に至るまで、被災地の保健衛生対策や医療対応の連絡調整等を行い、被災地の保健所機能を支援することを活動の柱にしている。

その年に起きた西日本豪雨災害では、岡山県倉敷市に保健師、医師、薬剤師、栄養士、事務職員の５人でつくるチームが第１号として派遣された。保健師の活動は、被災者の生活の観点からは極めて重要で、真備町の全戸個別訪問を行って状況調査をしたのも保健師たちの活躍の１つである。

こうした活動の延長線上に、クラドロ（倉敷地域災害保健復興連絡会議＝KuRashiki Disaster Recovery Organization）がある。この会議は、倉敷市保健所が事務局となって、行政、日本医師会、日本赤十字社、全日本病院協会、国際医療ボランティアAMDA、DATなどで構成される。毎日ミーティングをして、被災者ニーズを分野ごとに集約し、情報共有し、役割分担して支援方針を決め、実践する。まさに、医療・保健のマネジメントが実践されている。

一般に、被災者支援は、「医療支援」→「保健支援」→「福祉支援」→「生活再建支援」という順に流れていく。この流れのうち、「医療」「保健」については、こうして連続性が図られている。ところが、次の段階である「福祉」や「生活再

建」のところまでは届かない。

DCAT（災害介護派遣チーム＝Disaster Care Assistance Team）／またはDWAT（災害派遣福祉チーム＝Disaster Welfare Assistance Teamと称するチームもある）は、社会福祉士、精神保健福祉士、介護福祉士、ホームヘルパー、看護師、保育士らでつくる災害時の福祉専門要員のチームで、熊本地震で初めて派遣された。これはまさしく福祉の専門チームだ。

しかし、医療や保健のチームとは、直接はつながっていない。医療と福祉の間に、分厚いガラスの壁が立ちはだかっているのだ。被災者から見れば、たとえばリハビリ支援のJRATの活動とは大いに連続性があり、区分をする意味は乏しい。

個人情報の連続性という観点から見れば、DMATにおいては被災者のカルテを作成している。保健師たちも初期の被災者の生活状況を把握している。しかし、その情報は、その先の福祉支援、生活再建支援には届いていない。情報共有の壁がある。なんとか支援の輪を断絶する壁を取り払いたい。

西日本豪雨で被災した倉敷市の真備では、こうした見えない壁を取り払うチャレンジをしている。被災者に対する見守りなどの支援のために、医療と保健と福祉と防災の連携を図っている（74項）。

もちろん、国も連携の必要性は認識している。内閣府（防災担当）がまとめた「避難所運営ガイドライン」（2016年４月）には、避難所の質を向上させることが、被災者の健康を守り、その後の生活再建への活力を支える基礎となり、そのために「医療・保健・福祉分野」「ボランティア・NPO団体」の連携が必要だと明言している。

この連携を制度化するのが災害ケースマネジメントだ。各専門分野の支援の輪をつなぐ突破口となることを期待する。

20 国会に登場した災害ケースマネジメント

国会でも災害ケースマネジメントが議論され、政府も前向きに進めたいと答弁している。参議院予算委員会の議事録（2018年１月31日）の一部を抄録して、議論の要点を紹介する。

〇山本香苗…　仙台市は、震災発生後、被災者の実態把握のために郵送で調査票を送付しました。しかし、何回行ってもなかなか調査票が返ってこないと。そのために、平成24年度から、シルバー人材センターにすべての仮設住宅入居世帯の戸別訪問そして対面調査というものを委託して被災者の実態を把握しました。その上で、健康面等、日常生活等フォローが必要な世帯と、資金面等住まいの再建に課題がある世帯など四つに類型化をして、その上で、仙台市や社会福祉協議会などが支援計画を策定して、その計画に基づいて、たとえば、仕事がないなら就労支援団体へ、また健康面が、また福祉が必要であれば地域包括支援センターへ、そういった形で被災者支援策と平時の福祉や就労支援といったものを組み合わせて、各世帯の必要性に応じた形で支援をする体制というものをつくり上げられたそうでございます。

こうした取組によりまして、仙台市では被災地の中でいち早く仮設住宅供与が終了いたしました。現在は復興公営住宅へのフォローアップ訪問等の取組を進めているとお伺いしました。…

ただ、現行の被災者支援策のほとんどというのは罹災証明に基づいて実施されています。…たとえ住まいがあったとしても、仕事がなくなったり病気が悪化したり、また多重債務を抱えたり、家族を失ったり、さまざまな課題を抱えたままでは、…日常は取り戻せません。…

被災者に寄り添って切れ目のない支援を実現するためには、罹災証明のみならず、被災者一人一人の実態を把握をして、それに応じて平時の福祉や就労支援等も含めた支援を実施していく取組、これが私は重要なのではないかと思うんです…

◯国務大臣（小此木八郎）… やはり個人個人を戸別訪問をされてしっかりと状況を把握するということは、これはもう重要なことだと思います。仙台市の取組は、繰り返しになりますけれども、その生活者の状況をまずしっかりと、どんなことで困っておられるのか、あるいはどういう再建計画を立てているんだろうかということを把握をすることと、そしてその実態をそれぞれで整理、分析をするということ、そして支援者間で情報をきちんと共有をして、明確に分担されたものを実行に移して手を差し伸べていこうという気持ちでやられたんだと思います。非常に重要なことだと思っております。…しっかりと人間と人間が話をして、困ったところを聞いて直していくということが大切で…災害時の被災者支援制度以外であっても、災害時において活用できる社会保障制度の周知を更に進めて、まあ省庁間の難しいところははっきり言ってあるかもしれませんが、そういうことを乗り越えて…大事に前に前に進めてまいりたいと思います。

◯国務大臣（加藤勝信）…（中略）まさに被災された一人一人に合った、その実態を把握して、それに対して総合的にまさに寄り添った支援をしていくことが重要だというふうに思います。…災害には遭ったけれども、その中でいろいろ御苦労されてきた、工夫をされておられる、そうした先進的な取組をいろいろ参考にさせていただいて、個々の被災者に寄り添った支援、これにしっかりと取り組ませていただきたいと思います。

○山本香苗…　今申し上げました仙台市の取組というのは関係者の間で災害ケースマネジメントって言い方をされているんですが…こうした仕組みを全国で展開していけるようにするために、是非、小此木大臣、関係省庁と協議の場を持っていただいて検討していただきたいんです。

○国務大臣（小此木八郎）…　いろんな災害がこの国にはあります。各省庁を超えて、制度所管庁が多岐にわたることの中での苦労もありますけれども、それを乗り越えて、委員のお気持ちを含めて、前向きに各省庁と話合いをして前に進めてまいりたいと思います。

○山本香苗…　総理にお伺いしたいんですが、支援策がたくさんあっても被災者に届かなかったら意味がないんです。被災者一人一人の実態を把握して計画を立てて、それに応じて支援をしていくと。人を制度に合わせるのではなくて人に合わせて制度をつくって支援していくと。私は、総理がよく切れ目なく被災者に寄り添う支援をするとおっしゃる言葉は、これはまさしくこの仕組みであって、こうした支援こそ復興への一番の近道になるのではないかと思うのですが、いかがでしょうか。

○内閣総理大臣（安倍晋三）…　まさに被災者のニーズは一人一人違うわけでありまして、かつ、政府もかなりのメニューをそろえているわけでありますが、被災者の方々がそういうメニューをすべて御存じではないわけでございますので、一人一人の被災者の相談を受けつつ、言わばその要望に対してどういうメニューがあるということで、あるいは、それがないのであれば、まさに我々政治がリーダーシップを取ってそうした被災者の要望に応えていくということが求められているんだろうと、こう思う次第でございます。

質問・答弁の中で、仙台市の取り組みが紹介され（70項）、り災証明一本主義の問題点や、行政の縦割りの問題点が指摘されている。そのうえで、一人ひとりの実態把握の必要性、寄り添いの大切さ、計画的支援の重要性、災害制度と福祉制度の併用、連携の必要性など、本書で取り上げている重要なポイントが網羅されている。

国会でも、災害ケースマネジメントの重要性が認識され、その後も、災害ケースマネジメントに関する議論が何度か展開されている（2019年２月７日参議院予算委員会、４月25日参議院厚生労働委員会など）。

こうした議論を受けて、厚生労働省や国土交通省、内閣府など関係機関が省庁の壁を越えた横断的な連絡調整の場として、局長級及び課長級の各担当責任者間の会議が設置され、災害再ケースマネジメントの具体的な設計が検討されつつある。

21 総務省行政評価局の調査結果

総務省行政評価局が、「災害時の『住まい確保』等に関する行政評価・監視－被災者の生活再建の視点から」という調査を始めた（2018年10月から）。具体的には在宅被災者や賃貸型応急住宅（みなし仮設）の入居者などの生活再建支援の現状と課題を調、東日本大震災の被災地（宮城、岩手）をはじめ、熊本、茨城、福岡と、西日本豪雨災害の被災地と北海道での現地調査をもとに、首都直下地震や南海トラフ巨大地震に備え、国の支援制度の再構築を図ることを目的にしている。

行政評価局調査というのは、各府省の政策や制度の効果・課題を、現地調査を通じて分析し、状況に応じて見直しや改善を勧告する検証・評価の仕組みで、会計検査院と似ているが、会計・経理に限らず、広く行政の制度、施策、組織、運営の全般を調査対象としている。これまでも、空き家対策、年金業務の運営、子育て支援、介護施策（高齢者を介護する家族介護者の負担軽減対策）など、私たちの生活に関連するさまざまなテーマを取り上げて調査を実施してきた。

今回の行政評価局調査は、近々調査結果を公表する予定にしていて、本書を書きあげた10月の時点では公表待ちというところだ。おそらく、災害ケースマネジメントの必要性についても言及するものと思われる。

もし行政評価局調査が関係各省に改善項目を勧告することになれば、勧告の半年後と１年後に改善状況の報告を出すことが通例の手続きになっているので、この調査がきっかけになって被災者支援制度が改善される可能性があり、今後の展開を注視したい。

22 地方公共団体からの提言

地方公共団体というと、都道府県や市町村を思い浮かべるが、地方公共団体が集まった「広域連合」という組合が、地方自治法で正式に認められている（284条３項）。2010年12月に発足した「関西広域連合」もその１つで、滋賀県、京都府、大阪府、兵庫県、奈良県、和歌山県、鳥取県、徳島県、京都市、大阪市、堺市、神戸市の８府県４市で構成されている。

この関西広域連合の存在が注目されたのは、東日本大震災の際の「カウンターパート方式」による支援だった。京都府等は福島県を、大阪府等は岩手県を、兵庫県等は宮城県を支援するといった具合に、関西広域連合が東日本大震災で被災した自治体に対して支援府県を決めたのである。自治体同士が顔の見える

カウンターパート方式

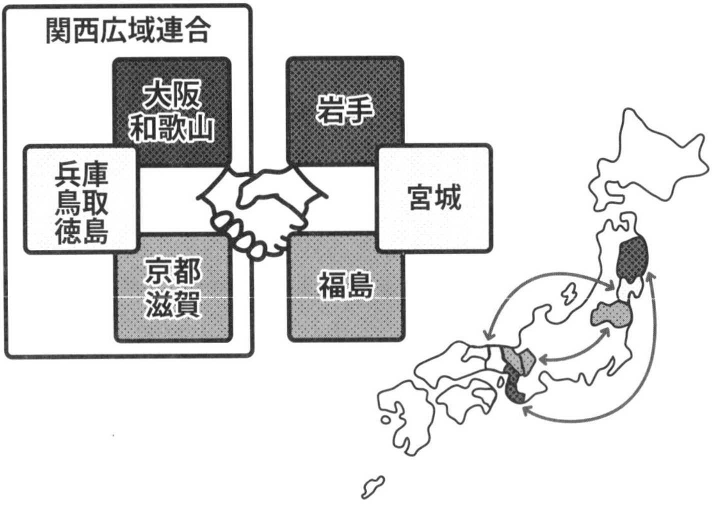

関係、何でも頼める信頼関係を築くことで、被災地の状況を把握し、ニーズに応じた具体的支援を計画的に実施するシステムをつくったのだ。

この関西広域連合による「カウンターパート方式」は、中国の四川地震（2008年5月）で展開された「対口支援」（特定の省が特定の被災市県を応援する仕組み）の日本版とも呼ばれているが、一人ひとりの被災者を支援する災害ケースマネジメントと考え方は重なる。

関西広域連合は、毎年、国の予算編成に対して政府関係省庁に提案を行っているが、『令和２年度国の予算編成等に対する提案書』（2019年６月17日）には、重点提案項目の１つとして「災害ケースマネジメントの制度化」が挙げられている。

■被災者の生活復興を支援する制度の創設

被災者一人ひとりに寄り添い、個々の事情に応じた生活復興プランを地域のNPO法人や専門家（弁護士、建築士、ファイナンシャルプランナー等）等と協力して策定し、専門家等によるチームで支援を行う「災害ケースマネジメント」が、被災者の生活復興に大きな効果があることから、この支援について国において制度化すること。

本書で紹介している災害ケースマネジメントとほぼ同じ内容であり、むしろ「専門家等によるチーム支援」なども明示されていて、より実践的な提案である。

すべての都道府県が集まったのが全国知事会だ。

全国知事会も災害対応についてはとても熱心で、災害現場の声を集めて次々に法制度の改善に関する提言をしている。どれもとても参考になる提言だが、2019年７月24日に決定した「令和2年度国の施策並びに予算に関する提案・要望（災害対策・国民保護関係）」では以下のように求めている。

「住まいの再建・確保に向けた相談支援など、被災者それぞれの状況に応じて支援を実施する災害ケースマネジメントの仕組の導入や、こうした取組に対する財政支援について検討すること」

現場に最も近いのが基礎自治体（市町村）である。市長たちの最大のミッションは、目の前の被災者たちの支援だが、そのために全国市長会は日本弁護士連合会との間で法律相談に関する協定を取り交わした。全国市長会の会長の立谷秀清さんは、医師であり被災経験のある相馬市の市長だが、弁護士が被災者の生活再建の相談に乗ることによって自殺防止を図ろうとしたとのこと。一人ひとりの生活再建に取り組むことは人命尊重につながる。

災害ケースマネジメントは、現場のニーズに精通した地方公共団体が行き着いた最後の結論なのだ。

第2章

被災者支援制度の改善

災害救助法を見直す

23 本来の目的を忘れた災害救助法

災害の被害は２つとして同じものはない。災害種別、被災地状況、時代背景という３つの要素によって被害の質・量は変わる。同じ震度６の地震でも無人島と東京都心ではまったく違う。被害が違えば教訓も違う。

災害制度は常に災害の後追いだから、新たな教訓が出るたびに災害制度も更新していかなければならない。災害対策基本法が何度も改正を繰り返しているのは、宿命であり、必然である。ところが、災害救助法はほとんど変わっていない。1947年に制定されてから70余年、わずかな改正を経たのみで今日に至っている。

災害救助法は、災害直後の避難所、仮設住宅、炊き出し、物資提供といった基本的な被災者支援の項目を示し、ほかにも、医療、遺体処理、学用品供与、障害物除去など一通りの支援メニューを列挙している。本来、被災者にとって最も身近で頼りになる制度である。

とても簡素な法律で、避難所や仮設住宅の基準など具体的なことは法律に規定していない。それは災害ごとに異なる被害状況に応じて、柔軟に対応できるようにするためだ。ほぼ白紙状態の法律を、下位の施行令や規則、そして膨大な数の通知や通達で補完している。

具体的な支援方法については、「一般基準」を定めつつ、現場の必要に応じて「特別基準」を設定する仕組みで、たとえば、避難所の設置期間は７日間というのが一般基準だが、大災害の場合にはこれを延長する特別基準を設けて対応するのである。臨機応変にうまく運用すれば、被災者救済に効力を発揮する。

ところが災害救助法の仕組みを理解せず、一般基準を墨守して本来の目的を見失っているケースが多発している。熊本地震では仮設住宅の入居の条件として半壊家屋の解体の誓約書を出させたり、九州北部豪雨では賃貸型応急住宅に耐震基準を要求するなど、びっくりするような誤運用もあった。

長年積み重ねられた通知・通達や膨大な運用実績が複雑に絡み合って手を付けられなくなり、まるでパンドラの箱のようになってしまい、即応できなくなっているのである。

改善方法を２つ提案する。

１つ目は、「救助の５原則」を見直すことだ。「平等」「必要即応」「現物給付」「現在地救助」「職権救助」の５原則は、それ自体は誤りではないが、反対解釈的に「切る論理」に使われてしまっている。救う法律の運用原則としてはふさわしくない。そもそも５原則は何ら法的拘束力を持たない。ならば、本来の法の趣旨に即して「人命最優先」「生活再建継承」「自治体基本責務」「救助費国庫負担」「柔軟性」「被災者中心」の６原則を指針に立てて「救う工夫」に注力するべきである。

２つ目は、これまで積み重ねてきた「特別基準」の実績を整理して、公表することだ。はじめて災害を経験する行政担当者は、どこまでの特別基準であれば認められるのか見当もつかない。弱った被災者たちに一般基準で処遇するしか思いつかないのである。特別基準がブラックボックスの中に封じ込められたままでは制度も進化しない。過去の経験と教訓の共有が光明となり、現場を明るく照らすことになる。

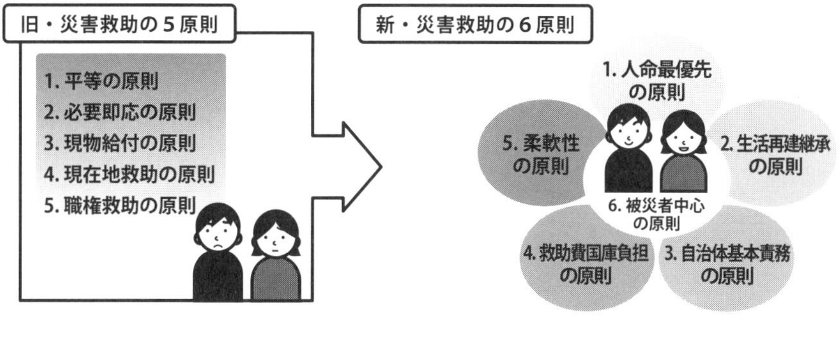

24 避難所が進化しない原因

避難所は行政が設置する「指定避難所」が基本になるが、「指定緊急避難場所」（津波などに備える）とは違って、長期的な避難生活の拠点になる。したがって「暮らす」という面の機能が重視される。災害対策基本法にも、居住性の確保など生活環境の整備に注力すべきだと明記されている。

> **災害対策基本法　第86条の６**
> （避難所における生活環境の整備等）
> 災害応急対策責任者は、災害が発生したときは、法令又は防災計画の定めるところにより、遅滞なく、避難所を供与するとともに、当該避難所に係る必要な安全性及び良好な居住性の確保、当該避難所における食糧、衣料、医薬品その他の生活関連物資の配布及び保健医療サービスの提供その他避難所に滞在する被災者の生活環境の整備に必要な措置を講ずるよう努めなければならない。

「指定避難所」は、さまざまな情報の発信拠点、保健医療サービスを受けられる場、暫定的だが地域コミュニティの拠点としての機能が期待されている。避難所の運営に行政が効果的にコミットすることが求められている。

その一方、避難所にはさまざまな問題がある。

第１の問題は、避難所の数不足である。

東日本大震災では石巻市の避難所が満員になって収容できなくなったため、避難所を頼って来た人々を断ってしまった。たとえば、２階に居住できると判断できるケースでは自宅に戻るよう指示したケースもあった。首都直下地震では、50万～60万人の被災者が避難所から締め出されるという試算もある。できるだけ自宅で待機する、疎開を勧めるなどの行政提案もあるが、その結果、多量の「在宅被災者」が生まれることとなる。

第２の問題は、避難所の運営能力の不足である。

多くの自治体担当者は避難所運営など初体験だ。内閣府（防災担当）が策定した「避難所運営ガイドライン」はよくできているが、ガイドラインに記載されたチェックリストに〇を付けることに汲々となり、目の前の被災者の状況改善が置き去りにされてしまう。

ある被災地では管理職が避難所運営の庶務に忙殺され、被災者対応が後手に回ったため、被災者の不満が爆発した。大事なのは被災者の生活の改善を最優先にするスピリットである。そして、豊富な経験を持つ民間災害ボランティアの力と地域住民の自治力に任せる度量が必要で、役所の縦割りや官民の壁を取り払うべきだ。

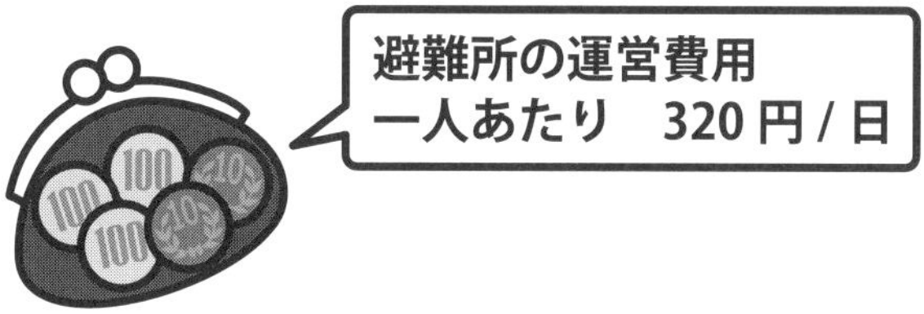

第３の問題は、災害救助法の硬直的な運用だ。

避難所の運営にも一定の基準がある。費用は一人当たり320円以内/日で、設置期限は７日間（平成30年度基準）。ただしこれは一般基準に過ぎず、実情に応じて特別基準を設定して弾力的に運用できる。いや、現場にはむしろ弾力運用する責任がある。行政担当者を避難所運営の関所の役目にさせるのではなく、現場を任せる思い切った権限委譲をした上で、民間から積極的な提案を求め、それを行政が後押しする流れをつくり、避難所をニーズ・ステーションとして確立することが大切だ。それこそが被災者中心主義である。

避難所運営ガイドラインには、冒頭、次のような記載がある。

> 避難所は、あくまでも災害で住む家を失った被災者等が一時的に生活を送る場所です。公費や支援を得ての生活であることから「質の向上」という言葉を使うと「贅沢ではないか」というような趣旨の指摘を受けることもあります。しかし、ここでいう「質の向上」とは「人がどれだ

け人間らしい生活や自分らしい生活を送ることができているか」という「質」を問うものであり、個人の収入や財産を基に算出される「生活水準」とはまったく異なる考え方であるため、「贅沢」という批判は当たりません。（中略）段階的かつ確実に、「質の向上」を目指すことは、避難所の運営のための支援・調整を担う市町村の責務といえるでしょう。

このガイドラインのように避難所の質を向上させていくことは国の方針である。つまり、前の災害と同じレベルではダメなのであり、前例主義を排するところからスタートしなければならないのだ。

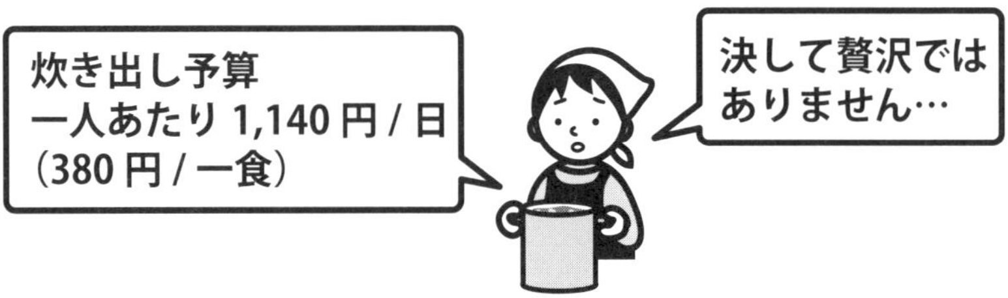

25 「TKB48」を文化国家のスタンダードに

日本の避難所の風景は100年前と変わらない。体育館のような大型屋内施設に大勢が雑魚寝しながら不安な夜を過ごす。これが何日も続く。劣悪な環境は健康を害する。疲労の蓄積、感染症、持病の悪化などによって災害関連死に至ることもある。

「でも災害なのだから、しょうがない…」とあきらめていないか。硬くて冷たいおにぎりに「ありがたい」とコメントする被災者を、我慢強い日本人の公徳心と報ずるマスコミは実態を見ているのか。私たちもその中継画像を見て当然のように受け止めていないか。

とんでもない。海外の文化国家ではあり得ない風景なのだ。

内閣府（防災担当）「避難所運営ガイドライン」には、こんなことも書かれている。

> 「東日本大震災後は、海外から多くの支援者が訪れました。我が国の応急・復旧の迅速さに称賛する声があった一方で、避難所の生活環境については、国際的な難民支援基準を下回るという指摘があったことは重く受け止めなければなりません」

国際的な難民支援基準を下回る避難所の生活環境とは、どんなことなのだろう。

たとえば、日本と同じように地震の多いイタリアはどうか。

避難所・避難生活学会が実施したイタリア視察に同行した宮定章さん（認定NPO法人まち・コミュニケーション代表理事）によると、イタリアの避難所では、被災から72時間以内に、家族単位で生活できるテントが提供され、さらに簡易ベッド、シャワー付きのユニットトイレ、キッチンカー付きの食堂が設営されている。提供される食事は穀類・肉・野菜が必ず揃い、さらにワインも付く。

仕切りなしでプライバシーさえ守られない体育館に収容される日本とは大きな違いだが、それが文化国家では当たり前なのである。

イタリアで被災者に提供される食事。あたたかい状態で、穀類（ペンネ）、肉、野菜が揃う。ワインも出る（宮定章氏提供）

日本でも、健康で文化的な避難生活が保障されなければならない。最低限の条件として、トイレ（T）とキッチン（K）とベッド（B）を48時間以内に配置するべきだ。

まずはトイレ。高齢者がトイレを我慢するために水分を控えて血栓症となる例が続発している。一応の目安として、災害発生当初は避難者約50人当たり１基、長期化するときは約20人当たり１基という基準があるが、きちんと履行できているか。設置されるのは工事現場の簡易トイレで使いにくい。衛生面と基数の確保が必要だ。

次にキッチン。炊き出しが十分活用されていない。被災地の現場では、厳格な衛生保守のため近隣から善意で寄せられる炊き出しの食事の持ち込みを断り、その代わりにカップ麺などを配り、埃だらけの寝床で食べさせる。いったい何を守っているのかわからない。キッチンカーや食堂テントなどの配備が不可欠である。

そしてベッド。床の雑魚寝は埃の吸引やエコノミー症候群のリスクも高いので、健康面でも推奨すべきだ。最近、段ボールベッドが普及しつつある。間仕切りや荷物収納にも便利で、寝心地もよいと評判だ。安価で備蓄もしやすい折り畳み式の簡易ベッドもお勧めだ。北海道の避難所の床上は凍えるが、ベッドだと背中の温度は9℃も高い。

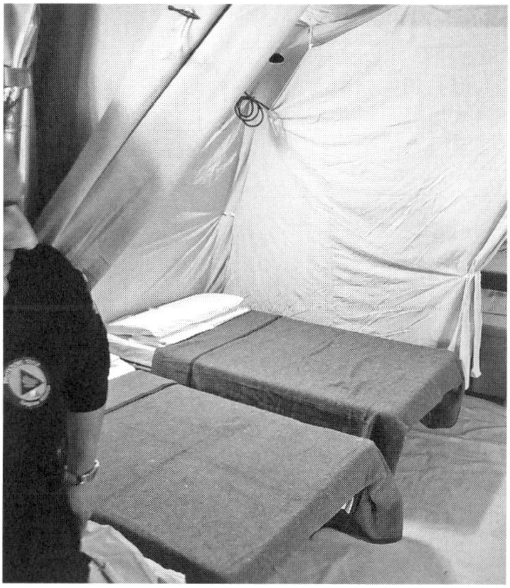

イタリアで直ちに配布される簡易ベッド
（宮定章氏提供）

イタリアの避難所は災害関連死とは無縁だと聞く。日本から見れば贅沢とも思えるこのスペックでもイタリアの被災者からは「もっと良くしてほしい」という注文がつくという。それが当たり前なのだ。飽くなき改善要求が、支援の水準を高めているということと私は理解している。現状が当たり前だとあきらめてはならない。あなたが我慢すると、次の災害の被災者にも同じ我慢を強いることになる。少しでも良くなるように声を上げることが、次の人を助けることにもなるのだ。

26 国際的視点を大事にする

今の日本の災害救助の水準が当たり前ではないことに気付くことが重要だ。

多くの方が、SDGs（エス・ディー・ジーズ＝Sustainable Development Goals、持続可能な開発目標）をご存知のことと思う。国連サミット（2015年9月）で採択された17の目標だ。これらの目標を2030年までに達成しようというのだ。

17の目標の中には災害に関する項目もいくつか入っている。

●Ｉ－５　貧困層や脆弱性のある人々のレジリエンスを構築し、自然災害等への暴露や脆弱性を軽減する。

●II－５　貧困層及び脆弱な立場にある人々の保護に焦点をあて、水関連災害などによる死者や被災者数を大幅に削減し、経済損失を大幅に減らす。

このように災害弱者に対する脆弱性の軽減や、関連死の防止、早期の生活再建が国際的な目標として挙げられている。国際社会の一員である私たちも、災害対策の国際水準を理解しておく責任がある。

災害ケースマネジメントを学ぶ上で、次の３つの考え方を押さえておきたい。

１つ目は、「スフィア基準」だ。

スフィア基準（1997年開始）は、NGOグループと赤十字などが災害援助の際の人道対応の国際基準をまとめたものである。スフィア基準をトイレの設置数の世界基準のように矮小化して説明する向きがあるが、本質はそこではない。これまでの災害支援が「場当たり的」「調整不足」「説明不足」であったことを反省し、「人道憲章の枠組みに基づき、生命を守るための主要な分野における最低限満たされるべき基準」をつくった。その作業グループがスフィア・プロジェクトという名前だったことから、スフィア基準（人道憲章と人道対応に関する最低基準）と呼ばれている。

「基準」というと、日本ではすぐに数値基準を連想する。しかし、スフィア基準は災害支援の基本的考え方をまとめたもので、営業ノルマ的なものとは違うのである。ポイントは、２つの信念と３つの権利だ。

●根幹にある２つの信念

①「災害や紛争の影響を受ける人々は、尊厳をもって人生を送る権利があり、従って援助を受ける権利がある」

②「災害や紛争から生じる苦痛を和らげるために、実行可能なあらゆる手段が尽くされるべきである」

●人道憲章の柱となる３つの権利

①尊厳ある生活への権利

②人道援助を受ける権利

③保護と安全への権利

ここでいう「権利」というのは、日本でいう法的権利とか裁判基準というより、本来の人権（ヒューマン・ライツ）、いわば「人として当たり前に享受できること」と理解した方がわかりやすいだろう。スフィア基準は、これら信念と権利を具体化するための考え方を具体的に展開して解説したもので、学ぶべき点はその「思想」である。それこそが災害ケースマネジメントの実施に当たって常に意識をしておくべき原理である。

２つ目は、「国内避難に関する指導原則」だ。

1998年に国連人権委員会に提出された文書で、国際人権保障規範として活用されている。指導原則では、国内避難者の定義を、「自然もしくは人為的災害の影響の結果として、またはこれらの影響を避けるため、自らの住居もしくは常居所地から逃れ、もしくは離れることを強いられ、または余儀なくされた者」と定めており、東日本大震災による避難者は、まさにこれに該当する。

国内避難に関する指導原則（一部抜粋）

原則14　すべての国内避難民は、移動の自由及び居住選択の自由に対する権利を有する。

原則15　国内避難民は、次の権利を有する。

（a）国内の他の場所に安全を求める権利。

原則18　すべての国内避難民は、適切な生活水準に対する権利を有する。

原則25　国内避難民に対して人道的援助を与える第一義的な義務及び責任は、国家当局に帰属する。

原則16　関係当局は、行方不明であると報告された国内避難民の消息及び所在を明確にするよう努める。

原則28　管轄当局は、国内避難民が自らの意思によって、安全に、かつ、尊厳をもって自らの住居もしくは常居所地に帰還することまたは自らの意思によって国内の他の場所に再定住することを可能にする条件を確立し、かつ、その手段を与える第一義的な義務及び責任を負う。

３つ目は、「自然災害時における人々の保護に関するIASC活動ガイドライン」だ。

2006年に国連の機関間常設委員会（The Inter－Agency Standing Committee）が採択したもので、世界で頻発する地震、津波災害などで国際人権機関による救援・復旧・復興活動で活用されている。ガイドラインでは、災害を「コミュニティまたは社会の機能の深刻な混乱で、被災コミュニティまたは被災社会が自らの資源だけでは対処することができない、広範囲にわたる人的、物質的、経済的または環境的損失を引き起こすもの」と広く定義し、被災者を「避難を強いられたか否かを問わず、特定の災害の負の影響を被った人々」

と定め、区域の内外によって保護の有無を区分けする日本の施策のあり方に疑問を投げかけるものとなっている。

この被災者の存在を広く定義付けることにも、学ぶべきところがある。

IASCガイドライン（一部抜粋）

A1．1　自然災害による差し迫った危険にさらされている被災者の生命、身体の健全性及び健康は、その所在地がどこであるかを問わず、最大限可能な限り保護されるべきである。

A1．4　避難は自主的であるか強制的であるかを問わず、被災者の生命、尊厳、自由及び安全に対する権利を完全に尊重し、何人も差別されない方法で実施されるべきである。

A3．2　自然災害の被災者は、化学物質、有害な廃棄物及び対人地雷・不発弾の危険、ならびに自然災害の過程で除去され、隠され、見えにくくなかったその他の危険物質から保護されるべきである。

D2．1　被災者の移動に対する権利は、避難を強いられたか否かを問わず、尊重し、保護されるべきである。この権利は、危険地域に留まるか又はそこから離れるかを自由に決める権利を含むものとして理解されるべきである。

これらを参照して、真っ先に感じることは、「そんなの当たり前じゃないか」ということばかり。まさにその通りで、国際基準などと大上段に構えたものも、人道的に見れば当然のことなのである。ヒューマン・ライツ（人権）とは、直訳すると、「人間にとって当たり前のこと」という意味だ。

しかし、それが日本では保障されていない。誤解を恐れずに言うと、人として当然に享受すべきことを、法制度が制限しているというのが実情なのだ。法制度によって取り残されてしまった人々を救済するのが災害ケースマネジメントであるとしたら、その根源的な根拠を、こうした国際的な基準に求めてみたらどうだろう。被災者に尊厳ある生活を提供するのが国際基準であると共に、それを実行している支援者の自信とプライドを保証してくれるのも国際基準なのである。迷ったときや、自信を失ったときに、小さくならず、むしろ大きな国際的視点を持ってみることをお勧めする。

27 都市災害では応急修理制度の改善が急務

都市災害では、避難所や仮設住宅が不足する。公営住宅の建設も追いつかないだろう。そうなるとできるだけ在宅避難を推奨することになるが、被災した家屋の補修は緊急の課題だ。現在の貧弱な支援制度の中では、災害救助法に基づく応急修理を思いつくが、応急修理制度には数々の問題があって、とても使いにくい。

なぜ応急修理制度が使えないのか。主な理由を５つ挙げる。

①準半壊以上で、自らの資力では応急修理できない世帯という制限がある。実は、法律上は何ら制限がないのだが、運用上このような縛りを設けているため、準半壊に至らない一部損壊の人や、一定の資力のある人は使えない。

②応急仮設住宅との併用はできないという意味不明の条件がある。そのため、応急制度で自宅を応急修理すると仮設住宅に入居できなくなって困るので、多くの人が二の足を踏むことになる。

③住宅のすべての部分が対象ではなく、屋根、壁、床など日常生活に必要で欠くことのできない部分に限られていて、しかも１世帯当たり59万5,000円（2019年度基準）が金額の上限であるから十分な修理ができない。

応急修理制度

法文に記載のない要件
- ①半壊または大規模半壊のみが対象
- ②所得制限
- ③応急仮設住宅との併用不可
- ④修理範囲は必要最小限
- ⑤上限金額が 59.5 万円まで
- ⑥金銭ではなく現物給付

（全壊・一部損壊は適用外）

④被災者に直接、工事費を支給してくれるわけではない。県が工務店に直接代金を支払い、工事依頼者は結果を受けるという三者契約方式（現物給付主義）なので、被災者にとっても、工務店にとっても、県にとってもこの上なく面倒くさいシステムになっている。

⑤借家の場合、まずは大家さん（所有者）に修理を申し入れることを求められるが、大家さんが快く修理に応じてくれるとは限らない。

このような諸条件がついているために、応急修理制度は現実的には非常に使いづらい。資力要件の撤廃、仮設住宅併用禁止の廃止、補修対象限定の撤廃、現物給付の非現実的な条件をすべて撤廃し、実情に合った応急補修の金額を支給する必要がある（補修費は500万円かかるとの統計があり、せめてその半分は必要だろう）。

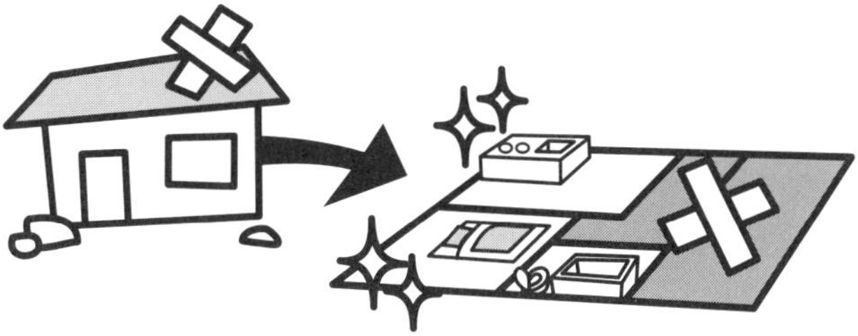

関西学院大学災害復興制度研究所の提案する「被災者総合支援法」（40項）は、補修費の充実を１つの柱にしている。

無駄な仮設住宅や、無駄な公営住宅をなくし、過酷な在宅被災者を救うには、何よりもまず応急修理制度を見直すことが第一である。

「仮の生活」からの脱却

28 仮設住宅の中は仮の人生ではない

仮設住宅は「仮」のものであるかもしれないが、そこでの暮らしは、一人ひとりの被災者にとっては、かけがえのない「本番」の人生の一部である。

仮設住宅の正式名称は「応急仮設住宅」で、災害救助法では「建設型応急住宅」と「賃貸型応急住宅」（従来「みなし仮設住宅」と呼ばれていた）の２種類に分類しているが、規律するルールは同じだ。

２年間という期限がある。いろんな制度との調整で設けられた期限で、被災者のことを考えて設定したわけではないし、現代水準に照らすと建築工学的な根拠も乏しい。

入居者の要件を「全壊」に限るとか、応急修理した人は入れない、官有地に設置しなければならない、仮設間の転居は認めないなどさまざまな制限があるが、ほとんど行政都合の一方的なルールばかりである。一人ひとりの大切な人生の

広がる仮設住宅の選択肢

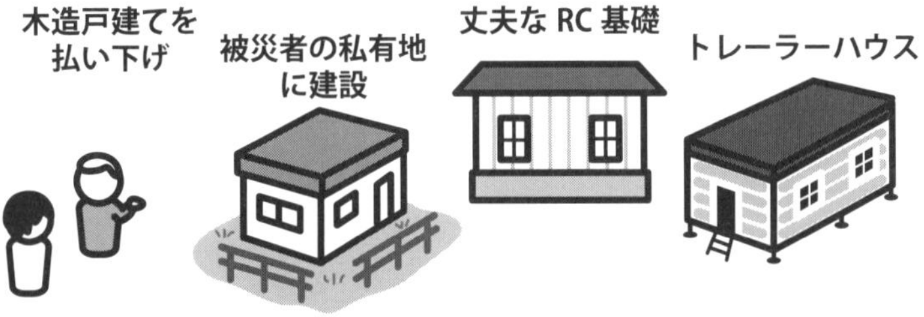

歩みを、さしたる理由のない制度上の都合で曲げられたりするのは、どう考えても理不尽である。

そのような批判が続いたことから、最近は風向きが変わってきた。たとえば、東日本大震災では木造仮設や戸建ての仮設住宅が増えた。岩手県住田町では中古の木造戸建て仮設住宅を３万円で払い下げている。熊本地震では、被災者所有の私有地に建てたり、２年を優に超えるRC基礎で建てたりしている。米国の仮設住宅はトレーラーハウスを利用するスタイルが主流だが、熊本地震の福祉避難所、そして西日本豪雨で被災した倉敷市でトレーラーハウスが登場した。さらに北海道胆振東部地震で被災者の所有地内にトレーラーハウス仮設住宅が設置され、米国と肩を並べた。

岡山県倉敷市真備町のトレーラーハウスを利用した仮設住宅

こうした改善は、被災者のニーズを徹底的に汲み取り、改善していこうとする民間の強い熱意の結晶ということができる。数々の事例を観察すると、「声を上げることが重要だ」という手応えを感じる。

2012年10月の会計検査院の報告の存在も大きい。会計検査院は、『東日本大震災等の被災者を救助するために設置するなどした応急仮設住宅の供与等の状況について』の結論部分で、「今回の東日本大震災等における民間賃貸仮設住宅の供与の状況を踏まえて、応急仮設住宅の供与について、被災者、被災自治体等の実情に応じて弾力的に対応できるようにするとともに、建設型応急住宅の的確な整備と併せて民間賃貸仮設住宅のより積極的な活用が図られるようにするため、災害救助における現品による供与の原則を一部緩和することについて今後の検討課題に含める必要がある」などと言及した。

つまり、提言の要旨は、

①被災者・被災自治体の実情を重視すること

②賃貸型応急住宅を活用すること

③家賃補助など現金支給も考えるべきこと

の3つであるが、どれも真っ当な指摘である。現状の不合理を、しかるべき第三者の目にさらさせるということが極めて有効であることがわかる。

とはいえ、被災すれば、どのような道のりを歩んでも過酷である。建設型応急住宅は、どこまで改善に取り組んだとしても、「仮の住まい」であることに変わりはなく、「本番の人生」と間尺が合うことはない。賃貸型応急住宅（みなし仮設）に入居すると孤立のリスクは一気に高まる。

熊本地震では、支援情報が届かず生活再建のタイミングを失った例もあるし、28人に及ぶ孤独死の大半が賃貸型応急住宅入居者であった。仮設住宅に入居しない人々は、在宅被災者として、あらゆる制度からこぼれ落ちる結果となる。仮設暮らしがどのようなものであるかは、とても重要だ。

ただ、それはその被災者の人生の通過点に過ぎないことを理解し、過去の足跡と未来の生活が断絶することがないよう、過去と未来をつなぐために現在の支援があるという視点を欠かさないことが災害ケースマネジメントのポイントである。

29 見捨てられる局所災害

局所で起きる災害は、発災直後はマスコミがこぞって報道するものの、その後はほったらかしにされるのが常である。あるいは最初から注目されず、マスコミが見向きもしないことだってある。局所災害は、国による支援が薄く、民間支援や義援金も早期に先細りする。そして、被災自治体の力不足が現場にそのまま影響する、という問題がある。

本当に人の手が必要なのは、こうした局所災害ではないか。

2014年８月、豪雨によって広島市と兵庫県丹波市に甚大な土石流の被害が出た。両者の土石流の規模はさほど変わらなかったが、死亡者数やマスコミの取り上げ方の差は大きかった。集まった義援金は、広島市が約63億円、局所災害扱いされた丹波は２億円程度だった。

2019年の一連の災害も、８月末の佐賀豪雨、９月初旬の岡山県新見市の土砂災害の被害の存在は、その後の台風15号によってかき消され、その千葉県の被害さえも次の台風19号の襲来によって上書き消去されたような印象だ。新見市の被災地を支援する大山知康弁護士は「一人ひとりにとって災害に大きい小さいはない。局所的だからといって制度が使えないのはおかしい」と訴える。

たしかに、局所災害であったとしても、一人ひとりの被災者が置かれた状況

は基本的には変わらない。しかし、大規模災害時に出される特例措置も、局所の場合は期待できない。局所災害だとボランティアセンターも設置されない。救済制度がなく、ボランティアもいないということだと、その被災者は見捨てられたのと同じだ。そして、実際、見捨てられてきた。

だからこそ、大きな改善が必要であるし、局所災害の被災者一人ひとりに寄り添う必要性は特に高いと考えられる。

災害対策基本法は「災害」の種類を定義しているが、局所災害であっても市町村の責務を除外していない。災害救助法のように規模要件が課されていないので、「被災者の年齢、性別、障害の有無その他の被災者の事情を踏まえ、その時期に応じて適切に被災者を援護する」(災害対策基本法２条の２)が適用され、局所災害の被災者にも等しく妥当する。

私たちは、「たった一人の被害だから仕方がない」とあきらめてはならない。局所災害の被災者も法律上は当然に救済されなければならず、「たった一人の被災者でも救わなければならない」という思想を自覚しておかなければならないのだ。

2018年の台風21号は多くの地域に被害を与えた。大阪府岸和田市もその１つ。全壊12戸、半壊81戸、一部損壊3,400戸と被害は甚大だった。しかし、災害救助法は適用されず、被災者支援の手立ては限定的だった。岸和田市社会福祉協会（市社協）は災害ボランティアセンターを開設し、234件のニーズに応えた。１年経っても、市内のあちこちの家屋の屋根にブルーシートが目立つ。それでも市社協は、あらゆる手を尽くして支援を続けている。

第１に、市外からのボランティアの子によるブルーシート対応

第２に、古くから続く地域コミュニティの力の活用

第３に、居住支援法人としての住まい探しサポートなど

このように平時になっても支援活動が展開されている。このような岸和田市社会福祉協議会の外部応援を受け入れる受援力、平時からの地域力や展開力こそ、局所災害を乗り切る１つのヒントと言えるだろう。

30 九州北部豪雨の被災者切り捨て

2017年７月に起きた九州北部豪雨の被害は甚大だった。多くの家が濁流に流され40人が犠牲になった。爪痕も深く、2019年４月時点で360世帯以上が避難生活を余儀なくされている。福岡県朝倉市杷木町を中心とする現場では、今なお土砂が堆積し被害を受けた建物が痛々しい姿をさらしていて、まるでつい最近被災したのかと見間違えるような惨状だ。

福岡県は91世帯を長期避難世帯と認定した。長期避難世帯とは「災害により危険な状態が続き、家に住めない期間が長期間継続している世帯」のことである。認定されると被災者生活再建支援金が支給され、住宅再建を促す効果がある。ただし、認定が解除されるまで自宅に帰ることができない。行政としては、長期避難世帯と認定した以上は、被災者支援の趣旨に則り、一刻も早く住宅再建の前提条件として治水対策などに尽力し、あるいは公営住宅を準備しなければならないはずである。

ところが逆に、福岡県は2019年７月、仮設住宅の入居期限の延長を認めない方針を固めた。この方針によって、被災者たちは２年間の期限とともに仮設住宅を退去しなければならない。しかも、自宅家に帰ることもできないのである。朝倉市の公表では、仮設住宅の入居者のうち再建が決まっていない世帯が146件あるとのこと。行政はこれだけの人々を追い込み、路頭に迷わせる選択を断行したのだ。住民を切り捨てる公助の放棄は、その被災者の人生の一部を否定する政策であり、一人ひとりを大事にしようとする思想に真っ向から背くものと言える。

今回、福岡県や朝倉市が展開した一連の施策は、つぶさに点検する必要がある。

災害直後の仮設住宅の条件設定もおかしかった。被災者が民間賃貸住宅に避

福岡県朝倉市杷木地区の被災状況

福岡県朝倉市での説明会の状況（江崎太郎氏提供）

難した後、これを賃貸型応急住宅として扱うこととし、その際、新耐震基準を満たさない住宅は除外するという条件を付けたのだ。余震の危険のある地震被害でもなく、災害救助法の運用でも求められていないにもかかわらずだ。

結果、多くの被災者が賃料を自己負担しなければならなくなった。

今回のように、行く先のないまま被災者を仮設住宅から問答無用に退去させる施策は、朝倉市の中心部（旧甘木市）から見れば、合併した周辺地（旧杷木町の一部）を廃止するのに等しい。もし、それを意図した政策という一面があるなら、住民との意見交換が決定的に欠如している。

今後に禍根を残さないよう、今からでも遅くない、一人ひとりの生活再建に寄り添う姿勢が求められる。

31 孤独死には生活再建こそ必要

孤独死は、誰にも看取られることなく、一人で死亡することをいう。行政は孤立死という表現を使うことが多いが、ここでは「孤独死」と表現する。

単に独居者が死亡することや、たまたま死の間際に誰もいなかったということでもなく、社会的に孤立した末に死亡するところに本質がある。

孤独死の４つの条件が知られている。

①低所得であること

②慢性疾患があること

③社会的に孤立していること

④住環境が劣悪であること

たとえば、貧困にあえぐ一人暮らしのアルコール依存症等の罹病者が、失業し、頼る家族もなく、地域コミュニティからも疎外され、ゴミ屋敷のような部屋の中で死に追いやられるようなケースが典型的である。

こうした事態は、災害がきっかけで起こることが多い。特に中高年男性には震災で家族や財産、仕事を失い、一気にどん底に落とされ、こうした負のスパイラルに陥ることが容易に想像できる。

阪神・淡路大震災の復興住宅における孤独死は1,097人（2019年１月時点）に上り、2018年度だけで70人を数える。東日本大震災の被災地では、復興住宅での孤独死数は2018年までの６年間で、宮城120人、岩手34人の計154人となる。しかも2016年19人、2017年47人、2018年68人と年々増えているのも問題だ。孤独死は、「孤独な生」の終点であることを意識して現場に臨む必要がある。

新潟中越地震では、当初から孤独死を防ぐことを意識して、コミュニティ単位で仮設住宅に入居し、住民相互の見守り関係を維持した結果からか、孤独死は２名にとどまった。

孤独死は、復興公営住宅というハコモノを提供するだけでは防ぐことはできず、むしろ温床を付与することにもなりかねない。むしろ、人の手によって防ぐべきものである。現在は被災者に対する「見守り」の活動が盛んだ。近時の被災地では、地域支え合いセンターが中心となって、見守り活動をしているところが多い。もちろん、見守りは大事だ。しかし、見守り自体は「目的」ではない。「生活再建」という「目的」を果たすために、状況をアセスメントし、計画的に支援をしていくプロセスの１つに「見守り」という「手段」があるのだ。

生活再建は、言い換えると、「過去・現在・未来」のつながりを修復する作業である。「過去」はその人の価値観で、「未来」は希望、その間をつなぐ尊厳が「現在」であるが、その連関を断ち切るのが災害であり、孤独死はその象徴的な結末である。見守ることによって、その人の「現在」は把握できるだろう。しかし、過去を聴き取り、未来に導く作業がなければ、生活再建は支えられない。

冒頭に挙げた４つの条件は、見守るだけで解決するはずがない。見守りはアウトリーチの一環であり、そこから得られた課題にはしっかり向き合わないといけない。それが災害ケースマネジメントの意味である。見守りだけでは足りないのだ。

32 黙殺される子ども被災者支援法

福島第一原子力発電所事故の被害はあまりにも広く、根深い。

避難者がつぶやく「私はとても孤独です。今も福島が大好きで、戻れるなら戻りたい。でも戻れない。事故から８年、私の選択が正しかったのかどうかわかりません。不安、怒り、寂しさ、辛さ、いろんな感情と今も葛藤して、苦しいです」という小さくて重い声に、返す言葉がない。

避難先で自死した避難者は少なくない。悲しい二次被害だ。二次的な惨事から被害者を守ることができなければ先進文化国家とは言えない。

原発事故による被害者対策は大いに問題である。2011年３月12日に出された原子力緊急事態宣言は今なお解除されておらず、溶融燃料（燃料デブリ）の取り出しもできておらず、大量の汚染水が垂れ流されている。福島原発事故は、「法的に」想定外の事故だったといわれる。しかし、本当は科学的にも歴史的にも想定できていたし、現実に十分に想定していた事実が裁判の場でも明らかになっている。単に「法的に」事故の発生を前提とした仕組みがなかっただけのことである。安全神話を前提に、故意に仕組みをつくってこなかったので、実際に事故が起きてからのあらゆる対応が、場当たり的な弥縫策（びほうさく）ばかりとなった。

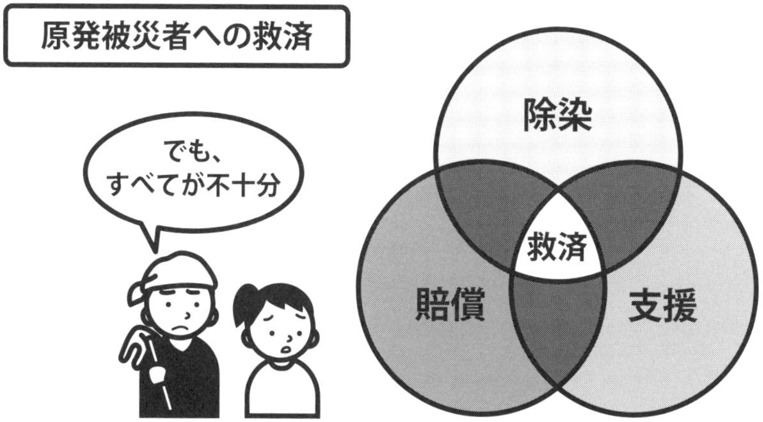

避難者対応は、仕組みがないので、「応急対応」を守備範囲とする災害救助法の転用で取り繕った。制度の不備のしわ寄せは、すべて被害者たちが甘受している。膨大な除染土を仮置く中間貯蔵施設群が次々に建てられるのと反比例するように、被害者に対する対応は急速に縮小され、被害者は物心共に急速に追い込まれている。

原発の被害者に対する救済は、「除染」と「賠償」と「支援」で成り立っている。

除染によって市街地の空気中の放射線量は減少し、この数値を根拠に避難指示地域も解除され、制度上は多くの地域で帰還可能となった。しかし、土壌中や山林の放射線量は今も高く、放射能への不安は根強い。病院や商店街などの生活に必要なインフラも未整備で暮らしていけないため帰還は進まない。また、除染が完了しても、なお福島県内の農漁業者を中心に、風評被害で頭を抱える苦境は変わらない。

賠償については、東京電力による十分な賠償が約束されていたはずであるが、現実にはそうなっていない。

①東京電力が一方的に賠償基準を決める

②賠償額の格差が被害者間の摩擦を生む

③原子力損害賠償紛争解決センターの和解案を尊重する約束を東京電力が反故にしている

④センターの処理が滞り被害者救済の役目を十分果たしていない

⑤裁判の場で国が責任を否定し続ける

⑥裁判での賠償額が低すぎる

などの問題が露見している。

東京電力原子力事故により被災した子どもをはじめとする住民等の生活を守り支えるための被災者の生活支援等に関する施策の推進に関する法律　第2条

（基本理念）

被災者生活支援等施策は、東京電力原子力事故による災害の状況、当該災害からの復興等に関する正確な情報の提供が図られつつ、行われなければならない。

2　被災者生活支援等施策は、被災者一人一人が第８条第１項の支援対象地域における居住、他の地域への移動及び移動前の地域への帰還についての選択を自らの意思によって行うことができるよう、被災者がそのいずれを選択した場合であっても適切に支援するものでなければならない。
3　被災者生活支援等施策は、東京電力原子力事故に係る放射線による外部被ばく及び内部被ばくに伴う被災者の健康上の不安が早期に解消されるよう、最大限の努力がなされるものでなければならない。
4　被災者生活支援等施策を講ずるに当たっては、被災者に対するいわれなき差別が生ずることのないよう、適切な配慮がなされなければならない。
5　被災者生活支援等施策を講ずるに当たっては、子ども（胎児を含む。）が放射線による健康への影響を受けやすいことを踏まえ、その健康被害を未然に防止する観点から放射線量の低減及び健康管理に万全を期することを含め、子ども及び妊婦に対して特別の配慮がなされなければならない。
6　被災者生活支援等施策は、東京電力原子力事故に係る放射線による影響が長期間にわたるおそれがあることに鑑み、被災者の支援の必要性が継続する間確実に実施されなければならない。

子ども・被災者支援法の概要

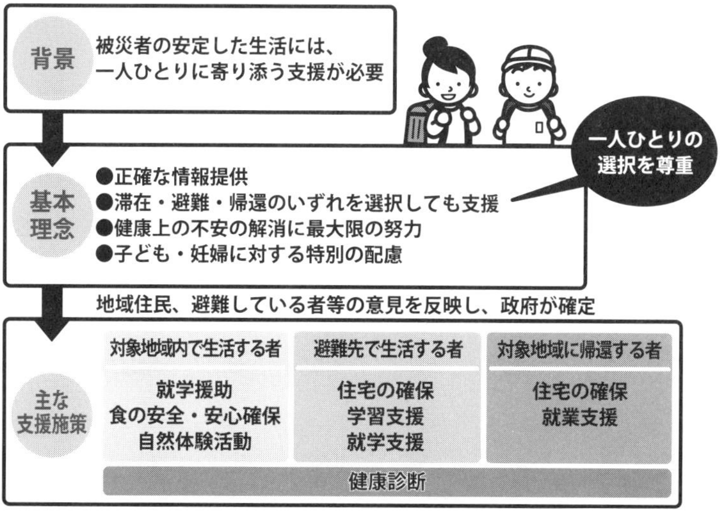
背景
被災者の安定した生活には、
一人ひとりに寄り添う支援が必要
基本理念
●正確な情報提供
●滞在・避難・帰還のいずれを選択しても支援
●健康上の不安の解消に最大限の努力
●子ども・妊婦に対する特別の配慮
一人ひとりの選択を尊重
地域住民、避難している者等の意見を反映し、政府が確定
主な支援施策
対象地域内で生活する者
就学援助
食の安全・安心確保
自然体験活動
避難先で生活する者
住宅の確保
学習支援
就学支援
対象地域に帰還する者
住宅の確保
就業支援
健康診断

2012年に「子ども被災者支援法」が制定され、滞在、帰還、避難のいずれの選択も尊重して、健康・医療、仕事、住まいのそれぞれを支援することが決められた。ところが、具体的な施策はほとんど行われず、今や支援法自体が忘れ去られつつある。法律があるにもかかわらず、それを実施しないという事態は法治国家として許されるものではない。

子ども被災者支援法を貫く理念は「被災者一人ひとりの選択の尊重」である。彼らは、原発事故によって住み慣れた地で、これまでと同じ普通の暮らし、つつましい幸せを享受することが叶わなくなった。遠くに避難して生活を送っているが、そこでの暮らしは決して「仮の生活」ではない。たとえ仮設住宅で暮らしていたとしても、その一瞬は、その人の人生のかけがえのない時間であるし、日々の経験は身体の記憶として刻まれる。「本番の人生」に他ならない。

そうだとすれば、生活を支える仕組みも、絆創膏を貼りつけるような場当たり的な応急措置であってはならないし、古着を着せるような一般的な災害対応の代用措置は許されない。「除染」と「賠償」だけで本番の人生は構成できない。生産者、経営者、労働者、生活者、子ども、高齢者、障害者……さまざまな立場の人々の人生のニーズに適合した「支援」が求められている。

すべての被災住家を救う

33 半壊の涙、一部損壊の絶望

被災者生活再建支援法は、被災者支援の「公助」の切り札と言われる。たしかに、最大300万円の支援金は、過酷な状況に置かれた被災者にはとても頼もしい。避難所で被災者にこの制度を紹介すると、「私ら何にもなくなったけど、そんなお金があるなんて。ホッとした。ありがたい」と言ってもらえる。

しかし、施行されて20年余の間に、いろいろな問題点も浮かび上がってきた。その１つが「線引き」の問題だ。

支援法では、支援金の給付対象は、住家が「全壊」「大規模半壊」「半壊でやむを得ず解体した場合」「長期避難世帯」などの認定を受けた場合に限られる。言い換えると、「半壊」や「一部損壊」の世帯には支援金がまったく支給されないということである。

●「半壊」と認定されると

「家屋損害の割合が20%以上40%未満」という状態を意味しており、現実にはとても住める状態ではない場合も多い。たとえ構造上の損傷が少なくても、その家屋の現状は水害や雨漏りでカビが蔓延していたり、地盤やインフラが損傷して上下水道が使えずに生活に大きな支障があったりする。そんなケースは枚挙にいとまがない。

支援対象から外れるということは、被災者には酷な結果を強いることとなる。それゆえ、判定結果を不服として「もう一度よく見てほしい」という再調査の依頼も多い。２次調査、３次調査と続くこともある。被災者にとっては理不尽

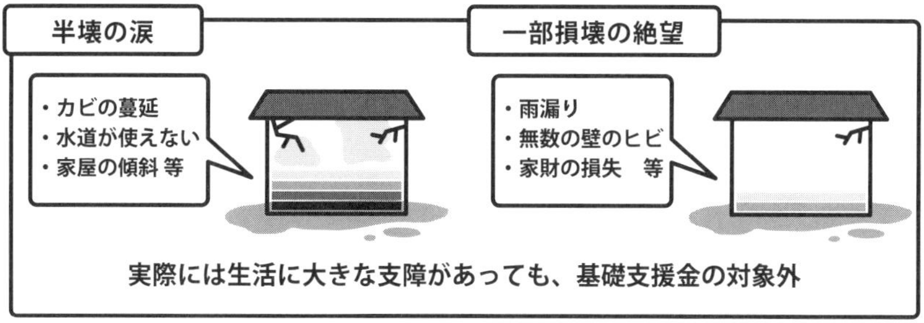

な感情が残るし、行政の負担も大変だ。

判定の線引きは地域の分断の温床にもなる。同じ地域に住みながら「隣は大規模半壊なのに、うちは半壊どまり。不公平ではないか」などと不満が出て、隣家とのわだかまりが端緒となり、地域コミュニティにヒビが入ることもある。

半壊の涙
・カビの蔓延
・水道が使えない
・家屋の傾斜 等
一部損壊の絶望
・雨漏り
・無数の壁のヒビ
・家財の損失　等
実際には生活に大きな支障があっても、基礎支援金の対象外

●「一部損壊」に認定されると

一部損壊のうち「準半壊」は「家屋損害の割合が10%以上20%未満」で、「10%未満」が「準半壊に至らない一部損壊」とされる。数字上は20%というと小さく思えるかもしれないが、現実に生活する場として住まいをイメージすると大きな被害だ。おびただしい雨漏りが生じているとか、壁に無数のヒビが入ったとか、風呂やトイレが使えなくなったとか、床上浸水で家財のほとんどすべてを失った世帯であっても、判定シートの数字が19%であれば一部損壊にとどまる。

一部損壊の場合、大規模半壊まで2ランク下なので、異議の申し立てをしてもあきらめることが多い（しかし、外部目視では一部損壊に過ぎないものの、再調査で大規模半壊や全壊となるケースも少なくない）。「言っても無駄」というあきらめ感を生じさせる。

こうした半壊世帯の不条理を「半壊の涙」、一部損壊世帯の諦念を「一部損壊の絶望」という。これを何とかしなければならない。被災者生活再建支援法の仕組みを抜本的に見直す必要がある。

34 大阪府北部地震の一部損壊

り災証明書で「一部損壊」というと、「半壊」にも至らないという最低レベルのランク付けで、被災者生活再建支援金の支援の対象外だ。

大阪北部地震では99%が一部損壊だったから、国から丸ごと見捨てられたようなものだった。高槻市に住む浜田俊介さんは、「年金暮らしなのに、屋根の補修だけで300万円から400万円かかるんです。とても無理です」と嘆きの声を上げていた。別の男性の修理費の見積額は約1,000万円だった。修理に当たって、高槻市は最大５万円、茨木市は最大20万円の補助金を出す独自制度を設けたが、現実に強いられる負担はケタ違いだ。

り災証明の判定基準は、壊れ具合が19%だと一部損壊、20%だと半壊になる。その差はとても微妙である。本来、この%の数値は単なる「目安」に過ぎず、数にとらわれず、被災者保護の見地から柔軟に対応するのが正しい。国も、「被害の実態を十分に加味」して「弾力的な判定」を行うべきだとしている。被災現場で１%にこだわっている者には理解不足を改めるように指摘するべきだ。

また、たとえ損壊10%未満でも、きちんと補修しないと家はどんどん傷んでいって、やがて暮らしていけなくなる。生活再建にかかる費用の重みに着目することが重要だ。

大阪北部地震の被災状況

●「家財道具」の損失

もう１つ忘れてはならないのが「家財道具」の損失である。国の災害援護資金貸付の制度では家財道具の３分の１の損壊が要件になっている。被災者生活再建支援法は家財道具のことは無視しているが、民間の災害保険や地震保険では、当然、家財道具は査定の対象である。

水害では床上浸水があれば電化製品等はすべてアウト。西日本豪雨では、道端に大量の家財道具が災害廃棄物になっていた。「２階まで浸水したので家財道具はすべて廃棄した。揃え直す費用を考えると気が遠くなる」という被災者の声もある。

全壊で仮設住宅に入居できる人には、いわゆる６点セット（炊飯器、冷蔵庫、洗濯機、ポット、テレビ、扇風機）が供与される。在宅被災者だとそれがない。健康で文化的な最低限度の生活を営めるかどうかが大事なのであって、「一部損壊」で簡単に切り捨てる発想がまかり通るようでは、とてもまずい。「一部損壊」のり災証明書を"足切り"の手形にしてはならない。

2019年の佐賀水害、台風15号、台風19号等の一連の災害では「一部損壊」が大量に発生し、被害の深刻さが社会的に広く認知された。そこで、「一部損壊」のうち損害10%以上20%未満のものを「準半壊」と名付けて、応急修理制度の対象に加えることとした。一部損壊に救済の手を差し伸べたことは評価できる。しかし、ただでさえややこしい制度が一層わかりにくくなったことも事実であり、早晩、認定の仕組み全体に抜本的な見直しが検討されることになるだろう。

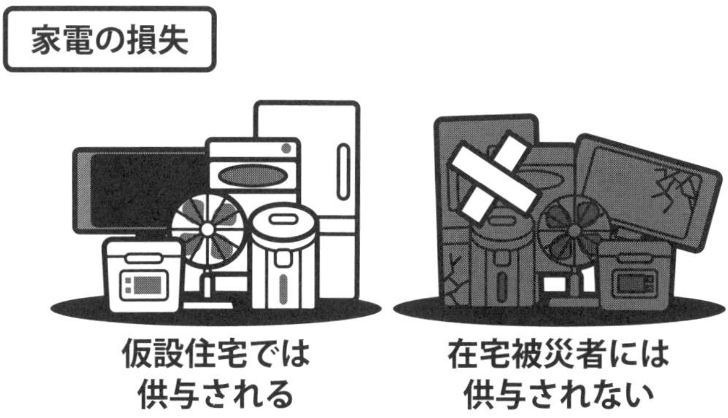
家電の損失
仮設住宅では
供与される
在宅被災者には
供与されない

35 被災者生活再建支援法の教訓と限界

阪神・淡路大震災の一番の成果は「被災者生活再建支援法」である。当時、政府は「私有財産に公費は投入できない。住宅再建は自助努力で！」と25万棟に及ぶ住宅被害を切り捨てた。被災者たちは途方に暮れたが、その理不尽に抗して声を上げ、全国の共感がうねりになって（個人署名2,483万4,814筆！）、全壊世帯に最大100万円を支給する被災者生活再建支援法が成立した。

もっとも、この法律の船出は順風満帆ではなかった。法の遡及適用は不可という理屈で、なんと阪神・淡路大震災には不適用だったのだ。そこで考案されたのは別ルートによる支給。復興基金（41項）の「被災者自立支援金」事業という名目で全壊世帯に100万円が支給されたのである。

しかし、金額は100万円だけだったから残念ながら生活再建するには十分ではなかった。それが４年後の第１次改正で最大300万円に増額された。

さらに、次々に起きる災害で被災者が声を上げ続けた結果、５年後の第２次改正で厳しい条件や縛りが撤廃されて、住宅再建にも自由に使える役立つ制度になった。しかも、このときは遡及適用されて改正前に発生した能登半島地震や新潟県中越沖地震の被災者たちは救われた。輪島市では、被災者が自力再建する決意をしたため、公営住宅の建設戸数が減って行政も助かったのだ。

この制度の変遷を振り返ると、

①被災者の声で制度を創ることができること

②たとえ法律の適用がNGでも別の方法で実現する道があること

③不十分な制度でも声を上げ続ければ改善できること

④今回は無理でも次の機会に達成できること

などの粘りの教訓が導かれる。この学びは、他の課題にも応用したいところだ。

もちろん、被災者生活再建支援法は、今も課題がたくさんある。

被災者生活再建支援法の教訓

①被災者の声で制度を創ることができる
②法律が直接適用されなくても別の方法で実現できる
③制度が不十分でも声を上げ続けることで改善できる
④今回は達成できなくても次の機会で達成できる

1条には「自然災害によりその生活基盤に著しい被害を受けた者に対し……その生活の再建を支援し、もって住民の生活の安定と被災地の速やかな復興に資することを目的とする」と書かれている。これを素直に読んだら、こんなふうに理解できるのではなかろうか。

まず「生活基盤の被害」が対象なのだから、自宅だけでなく、お店や作業場など生業の拠点の被害や、仕事を失ったような状況も射程内にあるように見える。また「者に対し」と書いてあるから、世帯という小団体ではなく、一人ひとりの「人」が支援対象に見える。そして「住民の生活安定」や「被災地復興」が目的とされているから、生活再建や地域発展への道筋が期待されているように見える。

ところが、2条以下では「住家」が全壊又は大規模半壊した「世帯」に「支援金を給付する」ということだけを定めている。具体的な給付内容は14項の図を参照してほしい。

もちろん、お金が給付されるというのはありがたいことだ。でもそれだけで被災者の生活が安定するほど生活再建の道のりは甘くない。この制度には何が足らないのだろうか。

第1に、「生活基盤の被害」の範囲を、実生活に即して広げる必要がある。住家だけでなく、家の下の地盤、家の中の家財、生業拠点といった物的な被害はもちろん、失職や収入減、さらには健康被害についてもフォローしなければ、生活の安定は望めない。

第2に、「被災世帯」ではなく「被災者」を対象にする必要がある。被災後に離婚した世帯で、どちらが支援金を取得するかが争われたケースもある。また、

被災者生活再建支援法の改善点

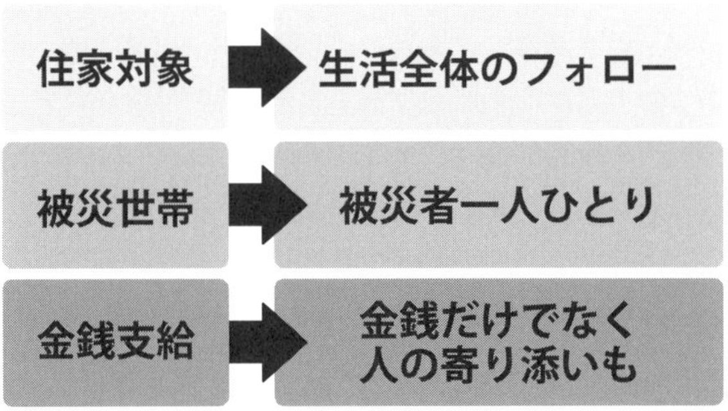

２人家族でも７人家族でも支援金額は同じ。これも「人」を基準にしていないことから導かれる弊害だ。

第３に、「金銭支給」にとどまらず、「人の寄り添い」も付加すべきだ。たとえお金が支給されても、それが的確に使われないと生活再建にも地域復興にもプラスにならない。介護保険サービスにおけるケアマネージャーと同じように、被災者の生活再建に寄り添ってフォローする災害ケアマネージャーが必要である。

こうした改善策は、日本弁護士連合会の「被災者の生活再建支援制度の抜本的な改善を求める意見書」（2016年２月19日付）でも提案されている。

「財源をどうするのか」という疑問も耳にするが、被災者生活再建支援法が制定されて現在まで22年間のすべての災害に対する支給総額は約4,800億円に過ぎない。東日本大震災の10年間の復興予算32兆円と対比すると、わずか1.5%という規模だ。一人ひとりの生活再建こそが復興の核心ではないか。抜本的な制度改善に向けて、あきらめずに声を上げ続けることが大切だ。

36 同一災害 同一支援の原則

2012年5月に茨城県及び栃木県などで竜巻被害が発生した。つくば市では被災者生活再建支援法が適用されたが、栃木県真岡市、益子町などには適用されなかった。これは、「自然災害により10以上の世帯の住宅が全壊する被害が発生した市町村」（同法施行令1条2号）と定めていて、真岡市では全壊家屋が6棟、益子町では7棟にとどまったからだ。

同じことは翌年も繰り返された。2013年9月に埼玉県さいたま市、越谷市及び北葛飾郡松伏町などで竜巻が発生し、越谷市には支援法の適用があり、他の自治体には適用されなかった。

2018年の西日本豪雨では数多くの市町村で被害が発生し、支援法の適用の有無が自治体ごとに違っただけでなく、適用が認められる時期が数カ月単位で異なるという適用時期の格差という事態も生じた。

2019年の台風被害でも同様の事態が起きるであろう（本書執筆2019年10月時点）。

10世帯の全壊を支援法の適用要件としているのは、件数が少なければ各自治体が災害対策基本法に基づいて自ら支援を行うべきで、自ら支援できないほどの件数になったときに相互扶助の観点からはじめて適用すべきとする考え方が根拠だ。実際、適用のなかった上記の市町では独自に見舞金の給付などをしてその場をしのいだ。ただし、支援の金額は自治体によって異なった。

同じ自然災害で生じた被害なのに、居住する行政区分によって適用の有無が異なるという結果は、一人ひとりの被災者の立場からすれば不条理というほかない。支援法の被災者支援の目的に照らしても合理的とはいえない。むしろ、行政区分の違いによる支援の格差を生み、憲法14条に反する不公平な結果をもたらすことになってしまう。

被災者の立場に立てば、「同一災害同一支援の原則」に拠るべきだ。

支援法の適用対象地域を都道府県、市町村単位で指定せず、地域にかかわらず同一の災害で被害を受けた世帯などに支援を行うべきであり、そのような支援法施行令の改正を求めていく必要がある。そのためには、「件数」という無機質な数値ではなく、一人ひとりの被害状況を克明に訴えていく作業が欠かせない。災害ケースマネジメントの実施がその一助となることを期待する。

37 保険を災害に活用する

災害から生活再建するのに必要なのはお金である。災害復興学の世界では、お金の出どころが公的資金の場合は「公助」と呼び、自己資金だと「自助」、皆で助け合う場合は「共助」と呼ぶ。

自宅の再建費用は統計上1,800〜1,900万円程度と試算されている。公助・自助・共助が600万円ずつ調達できればちょうど良いバランスだ。しかし、実際にはそうなっていない。

まず公助の代表格の被災者生活再建支援金が最大300万円。自治体の独自制度などで上乗せしてもなかなか600万円には届かない。共助といっても義援金などは、そのときの世論や雰囲気に左右されるのでアテにできない。兵庫県には「住宅再建共済制度」（フェニックス共済）という仕組みがあって、年額5,000円で最大600万円給付される共助の仕組みであるが、他県に似たような制度は見当たらない。そうなると、やはり「自助」で頑張るしかない。

「自助」といっても、資金余裕のある被災者は決して多くない。日々の生活を

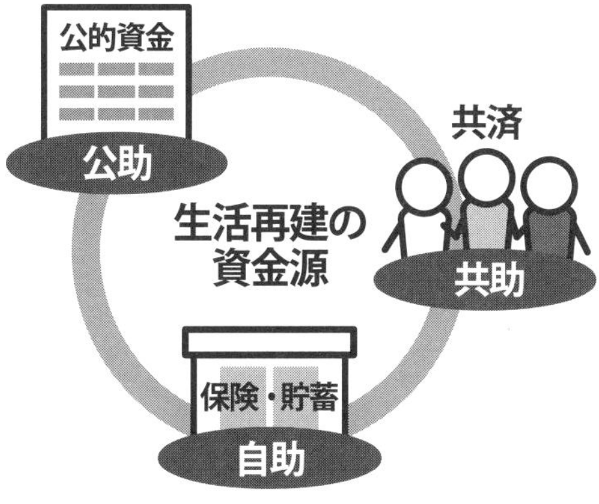

していくのにもお金がいる。数百万円のお金を捻出できる人はそうはいない。自助の手段としては「貯蓄」「借入」そして「保険」の3つが主となる。ここでは「保険」のポイントを説明しておきたい。

保険には、大きく分けて「生命保険」と「火災保険」がある。日本人は生命保険に何重にも入っている人が少なくない。営業やCMの影響だろう。我が国は国民年金や健康保険など社会保障制度が充実しているので、本当は、生命保険に入る必要性はそれほど高くないと思われる。ライフプランとして重要なのは、むしろ災害大国であるにもかかわらず公的給付が乏しい災害対策の方だ。「もしも」に備えるなら、火災保険や地震保険の方こそ優先すべきだろう。

ネーミングは火災保険だが、火災だけでなく自然災害も補償している。洪水、高潮、土砂災害等は「水災」、台風や暴風等は「風災」、そのほか「雪災」や「落雷」などは、火災保険でカバーされる。最近は、再調達価格で契約するのが主流なので、100%補償されれば住宅再建も心配ない。ただし、補償範囲や補償内容は契約内容によって違うから、きちんとたしかめておこう。

私たちが本気で内容を確認するのは災害が起きてからというのが普通かもしれない。そのとき保険証券が流されて無くなってしまったとしても「自然災害等損保契約照会制度」があるので、問い合わせればいい。

大事なポイントは、地震、噴火、津波による損害は普通の火災保険ではカバーされないということだ。地震のような災害だと保険料率が計算できず保険という商品が成り立たないのである。そこで、営利企業の保険会社を政府がバックアップして官民一体の国策として登場したのが「地震保険」である。

地震保険の特徴を3つ挙げておこう。

1つ目は、火災保険の特約という扱いであること。セットにすることで経費圧縮しているのだ。

2つ目は、補償される額が実損額ではなく定額であること（以下の表のとおり）。事務の迅速性が理由だ。

3つ目は、補償額の上限が火災保険の2分の1であること。制度が破綻しないようにするためだ。

損害程度	建物被害（損害額）	家財損害	保険金額
全損	50% 以上	80% 以上	契約額の 100%
大半損	40% 以上 50% 未満	60% 以上 80% 未満	契約額の 60%
小半損	20% 以上 40% 未満	30% 以上 60% 未満	契約額の 30%
一部損	3% 以上 20% 未満	10% 以上 30% 未満	契約額の 5%

地震保険は、よく保険料が高いと言われるが、保険料は被災の危険度とリンクしていて、かなりの地域差がある。保険料が高い地域は、それだけリスクが高いということであり（この点は、保険料を通じて危険度を知らせるという意味で、地震保険の「情報伝達機能」と言われている。）、地震保険が現実に役に立つ可能性が高いのだということを知っておく必要がある。

新潟県は、地震保険料の半額と部分補強工事などの費用をセットで補助金を出す「木造住宅部分補強・地震保険等加入促進事業」を展開している。とても賢い発想だ。他の地域にも広がり、普及してほしい。

最近は、「地震上乗せ特約」付きの商品もあり、地震保険でカバーされない残りの２分の１の保険金を出すものが出ている。SBIリスタの保険では火災保険とセットではなく単体で補償する商品が出ている。この商品はり災証明書に基づいて保険料が支払われ、地震保険とは仕組みが異なる。

そのほか、JAの建物更生共済、こくみん共済COOP（全労済）の住まいる共済、都道府県共済など地震をカバーする商品がある。

直接お金が払われるわけではないが、三井住友銀行では、災害で家屋が損壊したときに住宅ローンの全部または一部が減免される「自然災害時返済一部免除特約付住宅ローン」という商品が出ている。

あるいは、災害によって損害を受けたときに「雑損控除」または「災害減免法」によって税金が安くなる仕組みもある。これも災害対策の自助の１つだ。

災害ケースマネジメントを実施するときに、その人が加入していた保険の内容なども確認し、その人にとって使える仕組みも存分に活用して計画を立てることも忘れてはならない観点である。

38 災害リバースモーゲージの活用

半壊以下の被害で泣いている高齢の被災者に、救世主となる制度が登場した。高齢者向け災害リバースモーゲージ（略称「災害リバモ」。正式名称「災害復興住宅融資（高齢者向け返済特例）」）である。

災害リバモは、住まいの再建資金の融資である。融資ということは、お金を借りるわけだから、結局は返さないといけない。返すお金がない人、高齢でお金を借りられない人、あるいは一部損壊にとどまり支援の枠外に置かれた人たちには、自分には関係ないと思われるかもしれないが、むしろそういう方々にこそ有用な制度なのだ。元金の返済は不要。死亡後に担保に入れた住居を競売した金で返済される。

リバースモーゲージというのは、収入の少ない人が住居を手放さずに担保枠いっぱいまで融資を受けて、生活費用を確保する融資方法で、高齢者世帯向けに利用されている。リバースとは「逆の」という意味で、モーゲージは担保の意味である。普通の住宅を担保にした融資のように月々の返済によって借入金が減るのではなく、担保いっぱいまで借入額が増えるのでこの名前が付けられている。ごく簡単にいえば、自宅を担保にして2,000万円の融資を受け、死亡時に自宅を売却して2,000万円の返済に充ててもらうシステムだ。

災害リバースモーゲージの仕組み

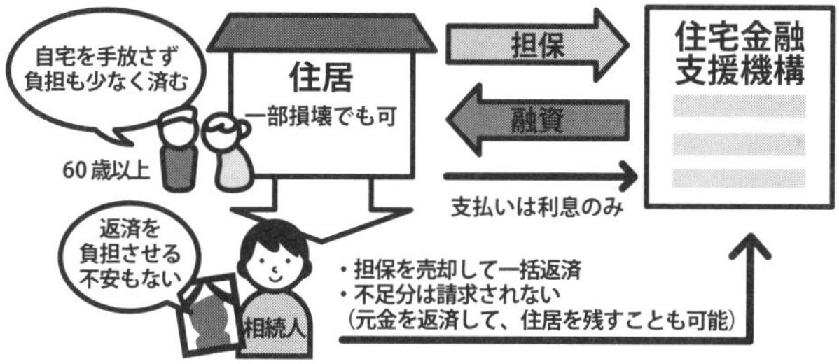

競売によって余剰金が出れば相続人の方々に分配されるが、売却代金が低く残債務が残ったら相続人に迷惑を掛けてしまう。そのため、災害リバモは、被災者支援の趣旨から、もし残債務が残っても免除し、相続人に請求しないことになっている。被災した高齢者は、次世代への不安なく利用できる。もちろん、相続人が元金を返済して、住居を残すことも可能だ。

何よりも、融資の対象が広い。物件を購入したり、新築する場合はもちろん利用できるが、補修にとどまる場合でも利用できる。しかも、り災証明書があれば、それが「半壊」でも「一部損壊」でも対象に含まれる。被災者生活再建支援金の枠外、義援金さえもらえないという一部損壊、床上浸水の世帯にはとても心強い存在となる（ただし、一部損壊は補修のみ可）。さまざまな支援制度から漏れ落ちた在宅被災者や大阪北部地震の被災者などには、とても役に立つ。

もちろん、融資だから利息は付くし、月々の支払いは必要だ。しかし、金利は１.78％（本書執筆直近の2019年10月１日現在・固定金利）なので、たとえば一部損壊だった被災者が補修費300万円を借りたとして、月々に支払う利息は4,450円に過ぎない。賃貸住宅を借りて住むよりずっと安い。

【災害リバースモーゲージの概要】	
対象者	り災証明書のある方 （一部損壊でも可） 申込時に満60歳以上 その他一定の年収要件あり
目的	建設、購入、補修
限度額（上限）	建設は2,160万円 購入は3,130万円 補修は　730万円
利息	年１.78％（固定）
担保	第１順位の抵当権を設定
返済方法	毎月の支払は利息のみ 元金は死亡時に返済
保証人	不要
貸主	住宅金融支援機構
（情報は令和元年10月１日現在）	

「公助・自助・共助」の枠組みとしては「自助」の部類に属するが、実質的には「公助」の色彩も帯びている。独立行政法人住宅金融支援機構の公的支援の１つである。

東日本大震災の在宅被災者にも災害リバモは活躍している。石巻市の尾藤さんは災害リバモを使って自宅を本格補修し、８年ぶりに自宅の風呂で入浴できた。西日本豪雨の被災地でも、弁護士の相談会で災害リバモを紹介したところ、住み慣れた地域に戻れて孤立が防げるとか、仮設に入って空き家対策の心配もないと、喜びの声が聞かれる。

制度である以上どうしても弱点はあるし、どこまで行っても自助の制度であり自己負担は免れない。しかし、現在の被災者支援として大きな希望であることも間違いない。

倉敷市では、この利息の支払いのうち半分を補助する制度を立ち上げた。災害リバモで補修費300万円を調達した被災者は、月々約2,200円の支払いで、元の家に住み続けることができる。こうした自助を補完する公助の制度はとても有益だ。熊本地震でも同様の補助制度がある。是非、他の地域にも同様の動きが広がってほしい。

新たな視野を拓く

39 「人間の復興」という理念～関東大震災と福田徳三

復興事業の第一は、
人間の復興でなければならぬ
（福田徳三）

災害ケースマネジメントの実践には知恵と知識が必要だ。過去の災害の実践の中にはさまざまなヒントが埋まっていて、そこから知恵を掘り出すことができる。支援に必要な知識は、過去の災害で蓄積された教訓から身に付けることができる。過去の災害から学ぶ意義はそこにある。

関東大震災は、1923年（大正12年）9月に発生した。この大災害に際して、大規模な帝都復興を唱えた後藤新平に対し、大正デモクラシーを代表する経済学者福田徳三（東京商科大学教授）は「人間の復興」を提唱した。

「私は復興事業の第一は、人間の復興でなければならぬと主張する。人間の復興とは、大災によって破壊せられた生存の機会の復興を意味する。今日の人間は、生存する為に、生活し、営業し労働しなければならぬ。即ち生存機会の復興は、生活、営業及労働機会（此を総称して営生の機会という）の復興を意味する。道路や建物は、この営生の機会を維持し擁護する道具立てに過ぎない。それらを復興しても、本体たり実質たる営生の機会が復興せられなければ何にもならないのである」(『復興経済の原理及若干問題』同文館、1924年・復刻版2012年)。

この「人間の復興」の理念は、時代を超えて今なお普遍性を持っている。それから約20年後に日本国憲法が制定されたが、福田徳三の復興理念は、平和・人権を原理にした新憲法ともぴったり重なり合っていた。

憲法の「一人ひとりの人間を尊重し大切にする」という理念を基軸とし、過去の災害から得られた教訓と理念を条文の形でまとめたのが「災害復興基本法案」である。関西学院大学災害復興研究所が5年間の研究成果を2010年1月に取りまとめた理念法であるが、その底流は85年の年月を超えて福田徳三の思想とつながっている。

以下が17条の条文である。本書を貫く私の思想でもある。ご参照いただきたい。

「災害復興基本法案」(関西学院大学災害復興精度研究所、2010年1月)

(前文)

我々は、幾多の自然災害に遭い、多大な犠牲を代償に数々の教訓を得てきたが、地球規模で大災害が続発する中、災害列島たる日本国土で暮らす我々に突き付けられた課題は尽きない。たとえ我々が防災・減災に力の限りを尽くしても現実の被害は避け難く、災害後の復興の取り組みこそが求められる。

自然災害によって、かけがえのないものを失ったとき、我々の復興への道のりが始まる。我々は、成熟した現代社会が災害の前では極めて脆弱であることを強く認識し、コミュニティと福祉、情報の充実を図りながら、被災地に生きる人々と地域が再び息づき、日本国憲法が保障する基本的人権が尊重される協働の社会を新たにかたち創るため、復興の理念を明らかにするとともに、必要な諸制度を整備するため、この法律を制定する。

1条　復興の目的

復興の目的は、自然災害によって失ったものを再生するにとどまらず、人間の尊厳と生存基盤を確保し、被災地の社会機能を再生、活性化させるところにある。

2条　復興の対象

復興の対象は、公共の構造物等に限定されるものではなく、被災した人間はもとより、生活、文化、社会経済システム等、被災地域で喪失・損傷した有形無形のすべてのものに及ぶ。

3条　復興の主体

復興の主体は、被災者であり、被災者の自立とその基本的人権を保障するため、国及び地方公共団体はこれを支援し必要な施策を行う責務がある。

4条　被災者の決定権

被災者は、自らの尊厳と生活の再生によって自律的人格の回復を図るところに復興の基本があり、復興のあり方を自ら決定する権利を有する。

5条　地方の自治

被災地の地方公共団体は、地方自治の本旨に従い、復興の公的施策について主たる責任を負い、その責務を果たすために必要な諸施策を市民と協働して策定するものとし、国は被災公共団体の自治を尊重し、これを支援・補完する責務を負う。

6条　ボランティア等の自律性

復興におけるボランティア及び民間団体による被災者支援活動は尊重されなければならない。行政は、ボランティア等の自律性を損なうことなくその活動に対する支援に努めなければならない。

7条　コミュニティの重要性

復興において、市民及び行政は、被災地における地域コミュニティの価値を再確認し、これを回復・再生・活性化するよう努めなければならない。

8条　住まいの多様性の確保

被災者には、生活と自立の基盤である住まいを自律的に選択する権利があり、これを保障するため、住まいの多様性が確保されなければならない。

9条　医療、福祉等の充実

医療及び福祉に関する施策は、その継続性を確保しつつ、災害時の施策制定及び適用等には被災状況に応じた特段の配慮をしなければならない。

10条　経済産業活動の継続性と労働の確保

特別な経済措置、産業対策及び労働機会の確保は、被災者の生活の基盤と地域再生に不可欠であることを考慮し、もっぱら復興に資することを目的にして策定、実行されなければならない。

11条　復興の手続

復興には、被災地の民意の反映と、少数者へ配慮が必要であり、復興の手続きは、この調和を損なうことなく、簡素で透明性のあるものでなければならない。

12条　復興の情報

復興には、被災者及び被災地の自律的な意思決定の基礎となる情報が迅速かつ適切に提供されなければならない。

13条　地域性等への配慮

復興のあり方を策定するにあたっては、被災地の地理的条件、地域性、文化、習俗等の尊重を基本としつつ、社会状況等にも配慮しなければならない。

14条　施策の一体性、連続性、多様性

復興は、我が国の防災施策、減災施策、災害直後の応急措置、復旧措置と一体となって図られるべきであり、平時の社会・経済の再生・活性化の施策との連続性を考慮しなければならない。他方、復興の具体的施策は目的・対象に応じて、速やかに行うべきものと段階的に行うべきものを混同することなく多様性が確保されなければならない。

15条　環境の整備

復興にあたっては、被災者と被災地の再生に寄与し防災・減災に効果的な社会環境の整備に努めなければならない。

16条　復興の財源

復興に必要な費用は、復興の目的に資するものか否かを基軸とし、国及び地方公共団体は、常に必要な財源の確保に努めなければならない。

17条　復興理念の共有と継承

復興は、被災者と被災地に限定された課題ではなく、我が国のすべての市民と地域が共有すべき問題であることを強く認識し、復興の指標を充実させ、得られた教訓を我が国の復興文化として根付かせ、これらを教育に反映し、常に広く復興への思いを深め、意識を高めていかなければならない。

40 支援制度を再構成した「被災者総合支援法案」

関西学院大学災害復興制度研究所では、山崎栄一関西大学教授が中心となって2019年８月に「被災者総合支援法」の要綱案をまとめ、発表した。2010年の理念法「災害復興基本法案」をふまえ、被災者総合支援法は実施法として一対の存在と位置付けられる。

被災者総合支援法は、現行の「災害救助法」、「被災者生活再建支援法」、「災害弔慰金法」という被災者支援の基本３法を全面的に見直し、それを被災者の権利として保障する仕組みとしてリニューアルしたものだ。

構成は以下の５編

第１編　定義などを定めた総則
第２編　応急救助
第３編　生活保障と生活再建
第４編　情報提供・相談業務・個人情報
第５編　権利保障の手続

目玉の１つは「被災者支援運営協議会」を置くこと。災害前は被災者支援の準備を行い、災害後は被災者支援を実行する主体となるというアイディアだ。メンバーは、行政（国・都道府県・市町村）に加えて、社協や赤十字社、被災者支援NGO、そして地域団体や要配慮者団体など、官民が一体となった共助組織をイメージしている。まさに連携による被災者支援であり、被災者が主体となる仕組みである。

応急救助のレベルでは、災害直後の生存権の保障と、医療・福祉サービスの保障で支援内容を整理し直した。支援水準は社会経済状況を踏まえて定期的に改善し、現行の硬直的な災害救助実務に抜本的な見直しを迫る。

生活保障・生活再建のあり方も改革する。災害死の遺族と災害障害者には一時金だけでなく定期給付金を支給する。家屋の損壊度に応じて生活財購入費用

関西学院大学

（例；全壊の場合は100万円+10万円×（世帯人数ー1）の額）を支給する。

住宅の修理は目的に応じて、避難所に代わる在宅避難のための簡易修理に100万円、仮設に代わる本格修理に300万円を支給する。住宅の再建・購入には最大600万円を支給する。家賃補助も制度化するなど、これまで居住安定のために提案されてきたさまざまなアイディアを制度の仕組みとして提案することとした。

もちろん、被災者の暮らしの再建は住まい確保だけでは足りない。生活支援金、仕事の支援、教育サービス、債務の整理や融資の手当てなど、生活を丸ごとケアする仕組みも用意した。

これらの支援を実質化するために、情報の活用をする手立てを講じ、相談体制も整える。被災者のニーズのアセスメントを行い、被災者台帳を整備し、災害ケースマネジメントを制度化する。

そして、これらの仕組みに不服申し立ての手続きを用意し、被災者支援を監視し改善するためのオンブズマン組織を設ける。これで被災者の権利性を実質化するというものである。

こうした提案は、すべて過去の災害の教訓に基づく手堅いもので、現実的に実現可能なものばかりである。パンドラの箱と言われて手が付けられなかった災害救助法や、国の財政当局のドグマに縛られていた被災者生活再建支援法に、大胆にメスを入れつつも、実現性を重視した制度案にまとめた。災害ケースマネジメントも盛り込んでいる。日本の被災者支援制度の大転換の起爆剤となることを願っている。

41 復興基金の展開

「復興基金」という素晴らしい仕組みがある。名前を聞くと何やら大きな組織的制度が連想され、一人ひとりの生活にかかわりがないように思うかもしれない。

しかし、その発足の歴史を見ると、既存の制度では救済できない課題を克服し、仕組みのスキマからこぼれ落ちた被災者を救う知恵の工夫の体系であることがわかる。

最初に発足したのは1991年の雲仙普賢岳噴火災害の基金である。当時は、住宅再建を支援する法律はなかった。この基金は、住宅再建に最大550万円、警戒区域外への移転に最大550万円、民間賃貸住宅や公営住宅に入居する場合も最大300万円を支給する支援をした。

それにとどまらず、食事供与事業と称して１世帯月額12万円を支給し、医療費に対する助成も行い、さらには農林水産事業者・中小企業者への事業再開資金の助成まで行った。

まさに被災者の「医・食・職・住」を全面的にフォローしたのである。

この仕組みは、阪神・淡路大震災でも踏襲された。

ただ、阪神・淡路大震災では被害規模が大きく、住宅再建をはじめ私有財産への公費投入に対する国の頑迷な抵抗があったことなどもあって、後退した面

復興基金の概要

名称	設置	設置者	基金規模（および主な財源）	事業(ﾒﾆｭｰ)数	事業費総額
雲仙岳災害対策基金	1991.1	長崎県	1,090 億円 （地方交付税補填＋義援金）	73	275 億円
阪神・淡路大震災復興基金	1995.7	兵庫県・神戸市	9,000 億円 （地方交付税補填＋宝くじ収益金）	116	3,670 億円
新潟県中越大震災復興基金	2005.3	新潟県	3,050 億円 （地方交付税補填＋宝くじ収益金）	139	600 億円

（2016 年 3 月 31 日現在 / 兵庫県立大学減災復興政策研究科青田良介教授の作図より一部抜粋）

もある。

住宅再建への支援は、被災者がローンを組んだ時の利息を負担する「利子補給」という形を取った。支援のスケールは小さいが、現実的にはありがたい助けになった。

一方、1997年には、「生活再建支援金」や「被災中高年恒久住宅自立支援金」というメニューを創設し、被災者の生活に対する支援の風穴をあけた。これが、翌年成立する「被災者生活再建支援法」の制定につながっていった。

このように国の狭小な支援政策によるダメージを緩和し、あるいは、突破口を設ける役目を果たしたのが、阪神・淡路大震災の復興基金の役割だったと言える。この発想は一人ひとりを大事にする思想そのものであるし、手法や工夫は災害ケースマネジメントと重なるものがある。

そして、次なるステージ、新潟県中越大震災復興基金の設置につながっていく。

42 新潟県の復興基金

新潟県中越地震で展開された新潟県中越大震災復興基金は、まさに「被災者の被災者による被災者のための支援」を実現したものにほかならない。

新潟県中越大震災復興基金の事業メニューは139件にも及ぶ。事業実績の件数が多かったベスト10（2016年３月31日現在）は、住宅の再建、田んぼの再建、民間賃貸住宅への家賃補助などで、被災者の住まいや暮らしに直結するお金の支援ばかりである。

新潟県中越大震災復興基金事業　実績件数 BEST10

	順位 / メニュー名	事業内容	件数	金額（千円）
	1. 被災者住宅復興資金利子補給	被災者の住宅再建のための資金借入の利子補給	54,283	5,771,455
	2. 手作り田直し等支援	小規模農地の復旧整備、水田の地力回復の経費補助	6,108	1,878,501
	3. 雪国住まいづくり支援	被害住宅を雪国特有の住様式で再建した場合に補助	4,925	2,772,825
☆	4. 地域コミュニティ施設等再建支援	自治会のコミュニティ施設の建替や修繕に補助	3,940	11,354,833
	5. 地域コミュニティ再建	自治会などの活動に補助	3,308	1,600,781
	6. H16 大規模災害対策資金特別利子補給	県の当該融資制度を受けた中小企業に利子補給	2,399	422,381
	7. 県産瓦使用屋根復旧支援	県産瓦を使用した耐震性工法による屋根工事に補助	1,854	999,806
☆	8. 親族等住宅同居支援	親族等の住宅で同居することになった高齢者に補助	1,815	281,680
	9. 越後杉で家づくり復興支援	越後杉を使用した住宅再建に購入費を補助	1,611	1,418,975
☆	10. 民間賃貸住宅入居支援	自宅再建を断念した民間賃貸住宅の入居者に家賃補助	1,223	169,869

新潟県中越大震災復興基金から学ぶべき点を３つ挙げたい。

１つ目は、生活に密着した被災者目線である。

第８位の「親族等住宅同居支援」は、一人暮らしだったおばあちゃんが、息子の家で避難生活を送ることになった場合、その世帯に月額２万円の支援金を出すという制度である。息子夫婦と同居ということになれば嫁姑問題が懸念されるが、支援金で緩和するという、行政目線では考えられない生活者目線がある。

２つ目は、住まいの再建に対する支援である。

被災者生活再建支援法があるが、住宅に対する直接支援を認めない仕組みだった。そこで、阪神・淡路大震災と同じように利子補給を充実させると共に、県産材の利用に対する補助金など、目先を変えて住まいの再建を応援した。住宅を建てない被災者には「民間賃貸住宅入居支援」（第10位）として家賃補助を行った。被災者に役立つことを第一に考えている。

３つ目は、行政支援では難しい手法を実現できることである。

支援金額がケタ違いに多い第４位の「地域コミュニティ施設等再建支援」は、神社等の再建費用である。神社の建造物への公金の支出は、政教分離原則があるので行政は回避しがちだが、神社が再建できなければ地域コミュニティの求心力は消滅してしまう。そこで、これを宗教施設ではなく、自治会等のコミュニティ施設と見て、自治会に補助金を出そうという仕組みである。四角四面の行政対応ではNOの答えしか出ないことを、民間の知恵によってYESに変える。それが新潟の復興基金の知恵と挑戦である。

新潟県中越大震災復興基金は、財団法人をつくってその運営に民間セクターもかかわり、届いた市民の声を実現するというシステムも注目すべきだろう。元々の原資は主として公金だが、民間が管理するお金にすることによって、「被災地の被災者による被災者のための支援」が実現される。

東日本大震災でも総務省が1960億円を支出して「取崩し型復興基金」と名乗る仕組みができたが、東北被災地の自治体は別法人をつくらず、行政の特別会計として基金を運用した。その多くが被災者の生活再建資金に使われたものの、「漏れ落ち」「スキマ」「かゆいところ」には使われず、単に公的支援の上乗せとして消費された。

一方、新潟県に対しても東日本大震災の被災地として総務省から基金用財源10億円が交付されたが、その資金は財団が管理したところ、住民たちはそのほとんどを「地域コミュニティ施設等再建支援」として神社再建などに使った。平素からの活用力があったからこその差異である。本当の被災地のニーズに即したお金の使い方が必要なのである。

43 被災ローン減免制度を活用する

災害で自宅が全壊するなどして被害を受け、住宅ローンだけ残ってしまったというケースがある。この場合、被災ローン減免制度（自然災害債務整理ガイドライン）が使える。

被災ローン減免制度の５つのメリットを紹介しよう。

１つ目は、残った住宅ローンは減額または免除が受けられる。残った土地を手元に残したい場合は、その土地の公正価格の支払いをする必要があるが、その金額は不動産鑑定士が無償で評価してくれる。

２つ目は、手元には義援金や支援金などの災害で得た支援金のほか、（ケースによっては）地震保険金の一部、さらに手元財産のうち500万円までは残すことができる。ローン返済に充てずに生活再建の資金として使えるようにするためだ。

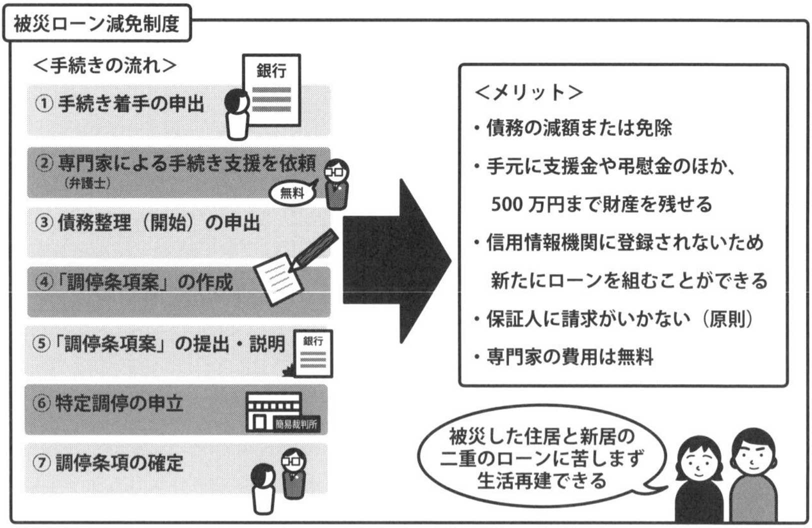

被災ローン減免制度
＜手続きの流れ＞
銀行
①手続き着手の申出
②専門家による手続き支援を依頼
（弁護士）
無料
③債務整理（開始）の申出
④「調停条項案」の作成
⑤「調停条項案」の提出・説明
銀行
⑥特定調停の申立
簡易裁判所
⑦調停条項の確定
＜メリット＞
・債務の減額または免除
・手元に支援金や弔慰金のほか、
500万円まで財産を残せる
・信用情報機関に登録されないため
新たにローンを組むことができる
・保証人に請求がいかない（原則）
・専門家の費用は無料
被災した住居と新居の
二重のローンに苦しまず
生活再建できる

３つ目は、信用情報機関に登録されることもない。破産等をすると信用情報に影響が出てしまい、新たな融資が受けにくくなるが、この仕組みを使えば新たに住宅ローンを組むこともできる。

４つ目は、原則として保証人に対して残債を請求しないことになっている。一般的には、ローンの支払いが滞ると最終的に保証人に請求がいくが、その心配がない。

５つ目は、この手続きを進める登録支援専門家（主に弁護士）の費用は無料だ。

この被災ローン減免制度は、東日本大震災のときに、従前のローンと新たな住宅再建のローンの「二重ローン」を解決する制度として発足した。ただ周知不足もあって多くの人は二重ローンを余儀なくされている。

2016年４月には改正されて災害救助法が適用された場合に住宅ローン以外の債務でも使うことができるようになった。熊本地震では大いに活躍した。

熊本県弁護士会の鹿瀬島正剛弁護士が担当した案件では、自宅が大規模半壊して1,300万円のローンが残ったものの、土地代の400万円を返済し残額は免除された。このことによって、同じ場所に自宅を再建できたという。

鹿瀬島弁護士は「自宅の再建を望まれる被災者の方々には、この制度の活用を促し、二重ローン問題を解消することにより自立再建の足がかりとなるように尽力していきたい」と話す。

もちろん、簡単に利用できる制度ではなく、災害起因性や住居費負担割合などさまざまな条件がある。災害に遭ったときは、まず一度、窓口となっている各地の弁護士会にご相談いただきたい。

44 個人情報保護の壁を乗り越える

「個人情報保護」は災害支援のブレーキになっている。災害直後の安否情報さえ実名を出してよいか躊躇(ちゅうちょ)しているのが実情だ。「行方不明者の必死の捜索が続きます」と報じられているのをテレビで見ていたら、実は行方不明者は自分だったなどという笑えない話が現実に起きている。

一刻を争う緊急時に匿名の弊害が立ちはだかる。実は、個人情報保護法や災害対策基本法等の法律では、生命の安全にかかわる緊急時には本人の同意は不要と明記されている。DV被害者の保護とは別次元の話だ。ところが、普段から個人情報保護の呪縛にとらわれているので、災害が起きても普段と同じような硬直的な対応をしてしまうのである。

福島原発事故が起きた直後、原発から30ｋｍ圏内の地域は屋内退避を指示され、多くの人が圏外に避難したが、障害者や高齢者の多くは避難できず自宅に残った。南相馬市では約300人の自衛隊員が、あらかじめ市が作成していた要援護者リストに基づいて安否を確認したので、市内に取り残された人はいないと目された。

しかし、地元で障害者支援事業を展開している青田由幸さんが確認したところ、少なからぬ障害者たちが市内に取り残されていることが判明した。青田さんは市に掛け合って障害者手帳リストの開示を求めた。市の担当者は、悩みに悩んだ末に、辞職も覚悟する決死の思いでリストを渡し（後に市長の専決処分で開示は承認された）、それを基に民間の障害者支援団体がローラー作戦で一人ひとりに安否確認し、取り残された人々を救い出した。このように障害者リスト開示に踏み切ったのは南相馬市だけであり、逆にいうと、他の地域の障害者たちは取り残され、放射能の危険にさらされたまま耐え忍んでいたことになる。

このエピソードは、多くの教訓を含んでいる。

第１に、同意者だけをリストアップした要援護者名簿は役に立たないということ。

第２に、気付いた人が求めなければ個人情報は開示されずに終わってしまうということ。

第3に、法の趣旨から、決死の覚悟などせずとも開示可能であるのに、現場では極めて高い心理的ハードルを感じているということ。

第4に、一人ひとりにアクセスするには行政や自衛隊の力だけでは足りず、地域に根差した民間セクターの力が欠かせないということ。

そもそも、個人情報保護制度は、ITネットワークの発達による社会・経済の高度な情報化に対応するために整備された。最近は、2017年に個人情報保護法が改正されたり、GDPR（EU一般データ保護規則）が発効されたりして、保護を強化する傾向がある。しかし、個人情報保護法の第1条は「個人情報の有用性に配慮しつつ、個人の権利利益を保護することを目的とする」と明記している。

あくまで最終目的は一人ひとりの個人の保護なのだ。個人情報の保護は手段に過ぎない。したがって、「個人情報の保護のために、個人の命や利益を犠牲にする」などというのは本末転倒なのだ。しかし、現実には、そういう事態が起きている。「個人情報保護の過剰反応」ともいわれるが、私たちは、あらためて個人情報保護の原則がどういうものなのか、立ち戻って考える必要がある。

●個人情報保護の過剰反応克服の4つのポイント

1つ目は、まず個人情報保護の正しい理解と、基本的な仕組みをきちんと把握することである。

2つ目は、災害時に上手に対応できる「使える仕組み」をつくっておくことである。

3つ目は、万能キーである「本人の同意」を取るための仕組みと努力を尽くすことである。

4つ目は、いくら準備を尽くしてもグレーゾーンは残るので、災害時には「本人の利益のため」にクレームを恐れず個人情報を活用する決断をする姿勢である。

●「神戸市における災害時の要援護者への支援に関する条例」の工夫

こうした発想で仕組みづくりに取り組んでいる自治体は少なくない。たとえば「神戸市における災害時の要援護者への支援に関する条例」（2014年４月施行）は、特筆すべき３段階の工夫がなされている。

第１段階では、要援護者台帳をつくるときに、「不同意」を表明した人以外は、同意があったと推定することとしている。つまり、日本人に多い「どっちでもいい」人とか沈黙者は同意者リストに載せるのである。「推定同意」と呼ばれる手法だ。

第２段階は「不同意」を表明した人につき「要援護者登録保留台帳」をつくる。つまり、不同意の人は、地域とつながっていないなど何か事情のある人が類型的に多く「真の要援護者」と思われることから、特に名簿化しているのである。これは「取りこぼし」を防ぐ大きな知恵だ。

第３段階は発災時の対応で、同意者名簿に載っている人はあらかじめ地域団体に名簿提供して民間中心で支援し、不同意者名簿に載っている人は行政が直ちに対応するよう準備しておくというのである。なかなかよく考えられた仕組みである。

４つの克服ポイントのうち、１つ目、２つ目はクリアしている。ところが、実際に神戸市ではこの条例を使いこなしていない。共同通信社が政令市等74自治体に、要援護者名簿を地域団体に提供しているかどうか調査したところ、きちんと対応できているのは鳥取市、津市、宮崎市など12％だけで、神戸市は本人の同意がないことなどを理由に地域に提供していない。自らつくった条例の仕組みを使いこなすことができず、４つの克服ポイントのうち３つ目で立ち往生しているのだ。これではいざ災害が起こったときにどうなるか心配だ。

個人情報保護の壁は分厚くて高いことは否定しない。しかし、それを乗り越えることはできる。正しく壁を知り、乗り越える方法を編み出し、きっちり準備して、本番では勇気をもって臨む。それが４つの克服ポイントの意図である。災害が起きてからでは遅い。事前の準備に尽きる。上手に対処するためには、災害ケースマネジメントの準備版というべき「個別避難計画」や「災害時ケアプラン」（85項）が有効だ。併せて検討してほしい。

第3章
災害ケースマネジメント

先駆的な取り組み

45 震災直後から被災者支援に取り組んだ共生地域創造財団

災害ケースマネジメントは突然、思いつきで生まれた仕組みではない。これまで各地で積み重ねられてきた被災者支援の知恵や経験の体系である。当たり前のように実践している地域や団体もたくさんある。その先駆例をいくつか紹介したい。まずは公益財団法人共生地域創造財団である。

共生地域創造財団は、特定非営利活動法人ホームレス支援全国ネットワーク、生活クラブ事業連合生活協同組合連合会、生活協同組合連合会グリーンコープ連合の３団体による共同事業体で、東日本大震災の直後の2011年３月14日に被災者支援活動を開始し、同年11月１日に法人化して現在に至っている。震災直後から、生活困窮者の支援の経験を生かして、被災者一人ひとりが個別の事情を抱えていること、在宅被災者が声を上げられない状況にあることなど、被災者問題の本質を捉えて活動を展開してきた。そのことは、東日本大震災から約８か月経った時点の同財団の記録（ブログ）にきっちり刻まれている。

＜11月15日＞

被災された方々の中で、さまざまな差があります。

仮設住宅に入居された方、自宅を再建された方、民間のアパートを借りられた方、遠方へ避難された方、

そこには大きい括りではなく、個別の事情があることをいつも心に留めておかなければ見失ってしまう。

＜11月18日＞

ジャパンプラットフォームが主催する災害支援NGO・NPOのための仮

設住宅分科会に出席し在宅被災者支援について話をしました。
この数か月の大船渡における活動から見えてきた在宅被災者支援の課題や、アプローチの方法を自身の経験から整理し共有しました。
①被災者に情報が届いているのか
②被災者本人に選択権があるのか（行きたくても車がない、電話したくてもお金がない、かけられないなど）
③被災者本人が声をあげることができるのか（声をあげるためには本人が問題の整理ができていたり、問題・課題を認識している必要がある。）
などについて話しました。

2012年5月には大船渡市から「災害などさまざまな理由により生活に課題を抱える人々に寄り添い、個々の課題の解決に向けて伴走型の生活再建支援（パーソナルサポート）を行う」事業を受託している。事業名が災害ケースマネジメントそのものだ。

共生地域創造財団のスタッフは、引きこもりなど心身の健康に問題を抱えた被災者、経済的に困窮している零細養殖漁業者、情報不足などの事情で支援が得られていない世帯などに伴走して支援を行った。問題点を把握した後は、個々に応じた支援を考え出し、物資の支援、情報の提供、定期的な見守り、必要に応じて他の支援団体や専門機関につないだ。他支援団体などへの紹介は初年度だけで150件に及び、就労支援団体、保険介護センター、買い物代行サービスを中心に、そのほかリフォーム相談、子育て相談、こころのケアセンターなど実に多岐にわたる。

なぜこれほど多くの機関につなげることができたのかを尋ねた。「私たちが、大船渡アクションネットワーク会議など多くの会議に積極的に参加して横のつながりや信頼関係を築いてきた成果です」とのこと。

初年度に支援が必要と判断した284件のうち94件は状態が改善した。養殖業を再開したが収穫期まで深刻な収入不安を抱えていた世帯に対し、経済状態が安定するまで応援した。孤立状態にあった被災者が家族と同居するまで精神的に支えた。ここ一番のタイミングで適切な支援ができたのは、しっかり状況を把握して伴走をしてきたからである。

大船渡市から始まった共生地域創造財団による在宅被災者への伴走支援は、各地でその形を発展させ、現在は、石巻市、陸前高田市、大船渡市、大槌町で伴走型支援を地道に続けている。いずれも行政からの委託事業である。

2019年秋からは石巻市相談支援包括化推進事業に参画し「人を大切にする」官民協働の構築がスタートする。その展開が注目される。

財団のホームページに掲げられた伴走型支援の活動内容は、災害ケースマネジメントとほぼ同じだ。

石巻事務所で統轄を務める熊谷新二さんは、「伴走型支援は、一言でいえば人を大切にする支援です」と話す。困っている人々や生きにくさを抱えた人々がさまざまな頼れる場所を地域の中に見つけられるようにすること。支援する人とされる人を固定化せず、地域に住むみんなが自分のできることで支え合うこと。そして、目指す先は、誰ひとり孤立しないよう人とのつながりや居場所等の仕組みがびっしりと張りめぐらされた共生社会だという。

「仮設住宅や公営住宅での孤立、住まいの問題は命にかかわります。支援の枠組みから漏れ落ちる被災者をなくすには、官民の協働の強化が不可欠です」と熊谷さんは力を込める。共生地域創造財団の活動から学ぶべき点は多い。

共生地域創造財団が行う「伴走型支援」

1. **出向いて探す（アウトリーチ）** ―出会うための訪問活動を行う―
2. **出会う** ―出会う事から始まる支援―
3. **聴く（真摯な姿勢での傾聴）** ―人を大切に思う・当事者から学ぶ姿勢―
4. **声を拾う（困りごと、悩みごと）** ―「主訴」に気づき、一緒に考えようとする姿勢―
5. **見通しを立てる・伝える** ―希望への道程となる支援プランをつくる。また、伝える―
6. **必要な地域資源と協働して伴走する** ―行政、民間団体との協働をコーディネートする―
7. **対象者が主体になり得る地域を創造する** ―相互多重的に支え合える地域創りを目指す―

伴走型支援は
ひと（ひとであること）を大切にする支援

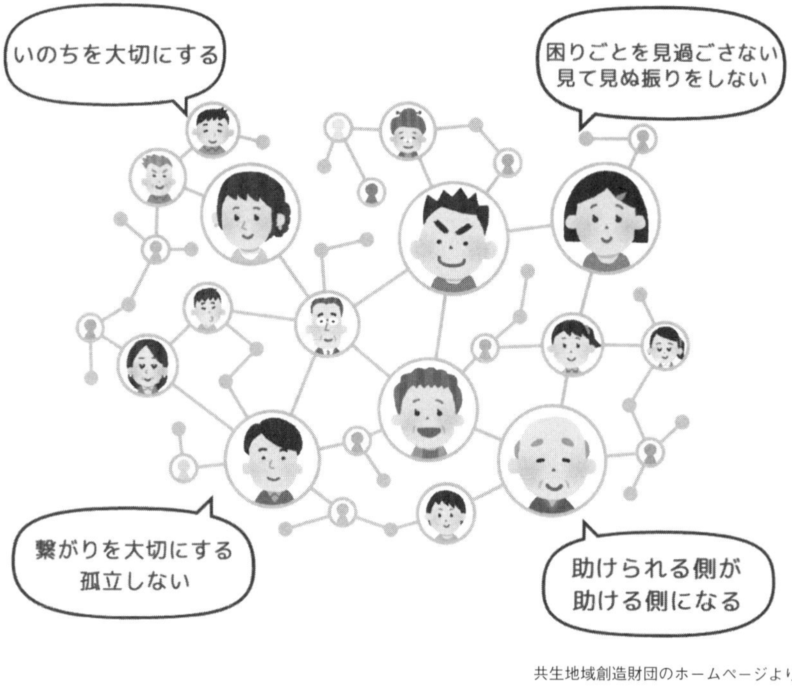

共生地域創造財団のホームページより

46 野崎チームによる合意形成の復興まちづくり

一級建築士の野崎隆一さんは、阪神・淡路大震災をきっかけに脱サラしてまちづくりコンサルタントになった。その後二十数年にわたって全国の被災地の復興まちづくりの現場で住民たちの合意形成のサポートを続けている。私も、弁護士になったばかりのころ、野崎さんが取り組む被災市場の再建の現場で、住民に寄り添う活動の手ほどきを受けた。

野崎さんの被災者支援の教訓となっているのは、阪神における被災マンションの再建の現場。200棟を超える分譲マンションが深刻な被害を受け、その大半が「建替えか復旧か」選択を迫られた。二者択一なのだから多数決で決めたらよいと考えるかもしれないし、そう説く専門家もいるが、それは浅はかな判断というべきだ。合意形成のプロセスを経ずに区分所有法どおり多数決を強行したマンションの中には激しい法廷闘争となったところもある。宝塚市のあるマンションでは裁判を経て再建までに15年かかった。その結果、被災時131世帯のうち再建マンションに入居したのはわずか１世帯だった。

野崎さんは、行政、デベロッパー、弁護士などと共に、こうした被災マンションにおける住民の合意形成にかかわる中で、一人ひとりの声を聴く民主主義の熟議のプロセスが大切であると痛感し、住民に寄り添うサポートを続けている。

野崎チームは、東日本大震災でもいくつかの地域に入った。そのうちの１つ、気仙沼市の只越地区のケースを紹介しよう。野崎チームは、野崎さんと浅見雅之さん（一級建築士、まちづくりアドバイザー）を中心とする、特定非営利活動法人神戸まちづくり研究所（野崎理事長）の仲間たちがメンバーだ。兵庫県が設けた「東日本大震災に係るひょうごまちづくり専門家派遣事業」を活用した取り組みだった。

迎える被災地側では、仙台弁護士会の宇都彰浩弁護士や現地支援者の高砂春美さんら専門家が加わって支援集団が形成された。

野崎チームが展開した支援は４つのステージに分けられる。

第１に、一人ひとりの住民が自ら声を発することができる環境づくりだ。現在の状況、地域への思い、生活上の苦労など、みんなの顔が見える場で語ってもらう。再建をデザインするための土壌の耕しであり、その地域のアセスメントでもある。参加した被災者は「何かを『教える』ために来た人は多かったけど、こんなに私たちの話をじっくり『聴いた』人はいない」と話していた。信頼関係づくりの第一歩は「聴く」ことだ。

第２に、正確な情報を、適切なタイミングでわかりやすく提供する場の設営である。野崎チームは、専門家による一方的な解説ではなく対話を通じた情報提供を旨とした。行政との情報交換は、行政が提供する情報Ｑ＆Ａの案を手作りし、これを気仙沼市に持ち込んで添削してもらうなどしてプロセスへの行政関与の工夫を凝らした。野崎さんは「適時に正しい情報が届けば最も正しい選択が得られる」と話すが、まさに民主主義のキホンのキだ。

第３に、合意形成のプロセスを徹底的に見える化し、一人ひとりの住民に自分事の手応えを感じさせること。野崎さんは席の配置など場の設営にも配慮する。浅見さんによるファシリテーション・グラフィックは、単なる会議のまとめにとどまらず、只越地区の参加者一人ひとりに自らが合意形成の一員であることを実感させ、何を協議し何を決めたのか会議の過程を内在化させる。野崎さんは議論の場にルールやマナーを設定し、エネルギーを注入するプロデュース役だ。

そして第４に、個別の事情を徹底的に聞き取る場を別に設けることだ。誰もが集団の場では話せない悩みを抱えている。ローン・金策や生活再建の不安、家族内の意見の対立、全体の方針への不満など、それら個別の困りごとを弁護士など専門家も交えて聴き取り、課題解決に向けて伴走する。全体ワークショップを繰り返すコンサルタントは多いが、野崎チームはこの個別ヒアリングに取り組むからこそ、結局、全体の合意形成が前に進むのだ。その場がやがて各自の住宅の設計プランへとつながり、全体のまちづくりの推進力にもつながっていく。

只越地区では、2015年に住民合意に基づく高台移転が無事完了し、一同笑顔で支援組織は解散式を迎えることができた。

この合意形成のフローは、言い換えれば、一人ひとりの生活再建のプロセスに深くかかわることと等しい。一人ひとりの状況を把握し、課題を抽出し、さ

野崎チームの気仙沼市でのまちづくり協議の場。浅見雅之さんが出た意見をファシリテーション・グラフィックにまとめる（野崎隆一氏提供）

まざまな専門家の手で対策をさぐり、寄り添いながら解決していくプロセスは災害ケースマネジメントの実践である。

野崎チームは、この思想とノウハウをもって東日本大震災の被災地のほか熊本地震の被災地でも合意形成支援を行っている。熊本県の南阿蘇村では「被災者個別相談会業務」を村から受託し、KVOAD（特定非営利活動法人くまもと災害ボランティア団体ネットワーク）やグリーンコープ生活協同組合をはじめとする地元団体の協力を得て一人ひとりの被災者の住まいの再建についてヒアリングと課題解決を行った。この事業には熊本県弁護士会や復興コンサルタントなど多様な団体も加わって、一人ひとりの個別事情に寄り添って、お金や住宅、家計、法律上の問題など計223件の課題解決に助力した。この取り組みによって、南阿蘇村の復興は次のステージに向けて前進を果たせた。

野崎チームは熊本と並行して西日本豪雨災害の被災地でも実践を続けている。

47 チーム王冠と仙台弁護士会のコラボ

一般社団法人チーム王冠の代表の伊藤健哉さんは、東日本大震災をきっかけに災害ボランティアの世界に入った。地元の宮城県南部で炊き出し支援をしていたが、ある日、在宅被災者からのSOSを受けて石巻市渡波地区に駆けつけた。そこには約1,000世帯の在宅被災者がいて、食事が十分に供給されない窮状の中で息をひそめて暮らしていた。その実態を目の当たりにした伊藤さんは、拠点を石巻市に移し、避難生活を送る人々に物資を届け、相談活動を開始した。

2011年の秋から12年春にかけて、チーム王冠は医師、医療社会福祉士らでつくるRCI（石巻医療圏健康・生活復興協議会）と共に、8,600世帯を戸別訪問して在宅被災者の健康・生活のアセスメントを行った。大規模調査の結果、在宅被災者の深刻な健康上の課題が浮き彫りになった。ところがこのアセスメント活動は、その後の支援につながらないまま終了してしまった。

2014年秋、チーム王冠は、独自に1,100世帯を訪問調査し、家屋の修繕状況について調査を行った。538世帯から回答を受け、全壊家屋で暮らし続けている人が54%もいること、金銭的理由から補修が完了していない人が61%にのぼる実態が明らかになった。震災から３年半経っても、被災時のまま放置され、傷み・カビ・腐食でより一層、住宅状況がひどくなっている事実が判明した。

伊藤さんは「この状態は日本国憲法に反するのではないか」と、目の前に人権問題があることを強く訴えた。この呼び掛けに応えたのが仙台弁護士会だった。宇都彰浩弁護士・山谷澄雄弁護士らが中心となって、在宅被災者の現状は法的問題だという意識が共有された。

2015年秋から約２年にわたって、仙台弁護士会とチーム王冠による在宅被災者訪問調査活動を開始し、約560件に及ぶアセスメントを実施した。当初、在宅被災者の支援ニーズは、家屋の補修問題や支援制度の申請についての相談ではないかと思われたが、実際に話を聞いてみるとそうではなかった。

一人ひとりが被災してから現在に至るまでの経過の聞き取りを、弁護士たち

チーム王冠の代表の伊藤健哉さん

は時間制限なしにひたすら聞いていくというスタイルで調査に臨んだ。被災者の抱える問題は、都市計画道路に伴う土地収用、危険地区からの立ち退きといった行政課題、自分や家族に関する生活不安、心身の疾患、孤立、震災ストレス、生業再建、風評被害など、さまざまな問題を抱えていて、その状況の多様さに弁護士たちは驚愕した。

震災から４年半が経過してからの調査だったことから、すでに震災対応ではなく福祉の課題になっているという指摘もあって、早期に手当てをしていれば回避できた問題がたくさんあったと悔やまれた。

仙台弁護士会が加わった調査は単なる聞き取りでは終わらない。利用できる支援制度があればその場で申請し、生活保護を受けるべき世帯には行政窓口まで同行して申請を行った。しかるべき機関につなぎ、機関相互の目詰まりがあれば調整する働きかけをした。

被災者は、最初、「お金はかかるのか？」「法律の困りごとなどない」と拒否的な反応をすることが多かったが、自分の困窮状況が法律の不備によるものだという事態を理解するとモノの見方も変わる。長年にわたって過酷な現実を耐え、骨の髄まで諦念が染み込んだ被災者たちは、希望を持つことを恐れる感情を持っている。無理もない。しかし、問題点を客観的に整理して事態を認識することで前を向くことができる。調査の結果をデータベースにして課題を抽出

チーム王冠のメンバーが在宅被災者と生活再建方法について協議する

した。それを弁護士会が提言化して、被災自治体や国に対する制度改善の提案につなげていった。

チーム王冠は、弁護士会の調査の終了後は一人ひとりの課題の解決を目指して活動を続けている。弁護士も支援に入るが、公的団体である弁護士会からの派遣ではなく、深く被災地にコミットすることを主張し、実践し続ける宇都彰浩弁護士らがつくる任意団体「みやぎ被災者支援サポート弁護士」（サポ弁）のメンバーとして支援する形を取っている。

宮城県牡鹿郡女川町に暮らす立山さんは、一人暮らしの在宅被災者だ。生活保護を受けているため損壊した自宅の修繕資金を確保することができない。自宅を所有する独居者であるため公営住宅にも入れない。識字障害もあり制度のスキマに落ちて動けない状態だった。

中尾健一弁護士が支援に入り、生活保護や公営住宅の担当部署と折衝を繰り返し、３カ月の協議の結果、自宅の売却が困難であることを立証することで、災害公営住宅に入居することができた。公営住宅に入居した立山さんは、「やっと落ち着いたね」と、安堵の表情を見せた。

石巻市万石町の尾藤さんは大規模半壊だったが、修繕資金が用意できず、風呂が壊れたまま8年の月日を耐えてきた。斎藤智弁護士がサポートして、高齢者向け災害リバースモーゲージ制度（38項）を使うことを決め、チーム王冠と弁護士、司法書士などが協力して、複雑な諸手続きを行った。本人だけだったらできなかったかもしれない。自宅を担保に修繕費を借入し、無事、風呂場の修繕が完了した。尾藤さんは喜びをかみしめながら1日に2回入浴しているという。奥さんは、数年ぶりに新しい家具を買ったと笑顔を見せた。

全壊の自宅で暮らし続けてきた松山さんは、自己修繕で済ませ、公的支援を断ってきた。しかし、自宅には雑草が生え、根太が腐っている状態で、生計も維持できない状況だった。松浦健太郎弁護士が助言し、高齢者向け災害リバースモーゲージを利用して自宅を修繕し、生活保護で生計を支える方針を立てた。複雑な手続きが進行し始めた矢先、松山さんは肺炎で入院してしまった。在宅避難者の家はカビが発生することが多く、松山さんの家も例外ではなかった。住居のカビと肺炎の因果関係はわからないが、8年の年月は高齢の被災者には長すぎた。

「枠組みとか定義とかに当てはまらない人を簡単に捨てている。被災者の捉え方とか考え方を、支援する側が変えないといけない」と語る伊藤さんの活動の原動力は怒りである。

48 YNFの活動は制度改善につなぐアドボカシー

福岡市を拠点に活動している「特定非営利活動法人YNF」は、福岡、愛媛、佐賀の各県で被災者支援に取り組んでいる。代表の江崎太郎さんは、九州北部豪雨の被災地で今も一人ひとりに寄り添う支援を続けている。

江崎さんは、東日本大震災での支援活動を経て、熊本地震では困窮者支援団体など多様な団体で構成されるネットワークグループ「よか隊ネット熊本」の事務局長として、孤立しがちな賃貸型応急住宅（みなし仮設）の避難者の支援に従事した。熊本地震は、ちょうど災害ケースマネジメントの実践が広まりつつあるタイミングだった。そして、見えないニーズに迫る賃貸型応急住宅への支援はアウトリーチが決め手となるため、当然のごとく災害ケースマネジメンの実践経験を積んできた。

江崎さんの活動は支援から取り残されがちな在宅被災者への戸別訪問から始まる。地域で孤立している在宅被災者に「何か困っていませんか？」と声をかけ、ダメージを受けた生活全体を丸ごとアセスメントし、一人ひとりの被災者に必要なニーズを的確に把握し、その人に役立つ仕組みや制度は何だろうかと伴走しながら一緒に考える。

アウトリーチは非常にアクティブで支援制度の申請に同行したり、難問については専門家につないだりする。そして、支援方法はとてもフレキシブルで、災害ケースマネジメントの実践そのものである。災害ケースマネジメントに携わる江崎さんの身のこなしはごく自然体だ。

「まずは被災者とため口で話せる関係をつくるのが大事」と信頼関係の構築がカギだと語るが、決してそこで終わらない。被災者のニーズをキャッチした後は、ご自身のスキルと情報・知識、ネットワークを総動員して連携サポートする。

相談を受けた被災女性の家は、外観調査で半壊認定どまりだったが、家屋の損壊状況からり災証明書の判定の疑問を感じて、女性からヒアリングしながら判定ポイントを再点検し、2次調査の申請手続をサポートした。その結果、全壊認定に変更され、さまざまな支援制度が利用できるようになった。被災者は、将来の不安から一時は自死も考えたというが、このサポートで思いとどまったという。

こうした個別支援を積み重ねていくと、制度や施策の問題点が浮かび上がってくる。福岡県は、みなし仮設住宅にも新耐震基準を満たすことを要求し、その結果、大半のみなし仮設住宅が基準を満たさないとされ、通常の賃料負担を余儀なくされる被災者が続出したのだ。住宅困窮状況にある被災者に早急に住宅を提供するという法の趣旨に、筋の違う新耐震基準を求めるのは、不条理と言わざると得ない。

こうしたさまざまな実態を調査結果にまとめ上げ、弁護士会や研究者、行政関係者などにつなげていった。江崎さんは制度改善につながるアドボカシーもYNFの重要な活動の一環と位置付けている。

人は、家の損壊という現象ではなく人生にダメージを受け、被災者となるのだから、これからの人生の不安や葛藤と闘うための伴走者や支援を求めているのである。江崎さんは「生活再建とは、いわば人生の再設計だ」と話す。現代の災害社会に本当に必要な被災者支援とは、被災者の人生の再設計に伴走する災害ケースマネジメントである。

YNF 代表の江崎太郎さん（中央）

被災地を訪れた江崎さん（福岡県朝倉市）

49 神戸市の仮設住宅解消プロジェクト

災害ケースマネジメントという名前ではないが、一人ひとりの課題にケースカンファレンスを通じて個別対応する動きは昔からあった。

25年前の阪神・淡路大震災でもその手法が実践されていた。

神戸市の仮設住宅にはピーク時３万1,000世帯が入居していた。震災４年半で543世帯まで減少したが、そのうち93世帯は、次の住まいの見通しが立っていなかった。神戸市は、仮設住宅解消のためには、世帯ごとの個々の事情に応じた対応が不可欠だと考え、従来通りの行政対応には限界があると考えた。

そこで、民間の専門家やボランティアの手を借りて「神戸市自立支援委員会」を立ち上げ、見通しの立たない93世帯のうち特に困難なケース20例の対応方法について意見や助言を求めたのである。たとえば、このようなケースである。

●ペットの飼育などで公営住宅への入居が難しい世帯に、自立支援金（被災者生活再建支援金の代替的給付）等の支援策を提供して自宅再建のめどを立てたケース。
●母子家庭で母が収監中で子どもだけが仮設住宅に居住している世帯について、収容施設での面会を重ね、出所後の住まいのめどを立てて、子どもを施設で保護したケース。
●被害妄想や自殺願望があって、転居先の鍵の受領を拒否している被災者に、精神保健福祉相談員や保健師が生活相談を繰り返し、信頼関係を得て、入居に漕ぎつけたケース。

20例はいずれも難問だったが、問題点を整理して、民間専門家のケースカンファレンスを通して解決策を探り、そして現場でそれを実行していくというプロセスで、仮設住宅の解消という目的は達成された。

現場でその解決に当たったのは行政職員であるが、神戸市自身も「私たち行政担当者が従来の行政対市民という図式では解決が不可能に近い。そこから一歩抜け出して、震災により学んだ新しい市民とのかかわりの１つとして勉強させていただいた」と語っている。

この神戸市の取り組みを振り返ると、そこでは、個別のニーズ把握、官民専門連携、個別計画に基づく対応といったケースマネジメントの基本的手法が踏襲されている。そこで、先駆例のひとつとして紹介することにした。

神戸市自立支援委員会　委員（役職は1999年当時）	
品田充儀	大学助教授
中嶋　徹	弁護士
船阪和彦	精神科医
梶　　明	自治会長
堀内正美	がんばろう!!神戸
黒田裕子	阪神高齢者・障害者支援ネットワーク
室井恭子	須磨区福祉部長
柏木　貢	兵庫県
金芳外城雄	神戸市生活再建本部長（座長）

しかし、その活動の目的が仮設住宅解消という行政の政策実現にあったことを見落としてはならない。私は、生活再建の目的を欠いた個別対応は、本当の災害ケースマネジメントとは似て非なるものだと考えている。

災害ボランティアの立場から自立支援委員となった堀内正美さん（認定特定非営利活動法人阪神淡路大震災1.17希望の灯り・前代表）は、苦境に立たされた被災者の立場を代弁した。「委員会は、仮設解消を目的とする神戸市と、生活再建なくして解決はないという思いで取り組む我々との闘いの場でした。」と振り返る。

この取り組みに学ぶことは多い。目的を見誤ると単なる追い出しの手立てとなってしまう。被災者の生活再建こそが目的であり、解決の必須条件でもあることを決して忘れてはならない。

50 原発事故の避難者を支援する関西の取り組み

京都市伏見区の国家公務員宿舎桃山東合同宿舎は、原発事故で京都府に避難してきた方々の受け入れ住宅として、累計114世帯が暮らした場所である。2019年３月末で閉鎖となったが、京都府は他自治体と比べて退去時期が２年延長された。退去を迎え「ここで受け入れてくれたから京都で暮らしてこれた。離れるのはさみしい」と涙を流す避難者もいた。

京都府は、西日本の中では原発避難者に対する手厚い支援で知られる。避難者たちは、突如として安心して暮らせる場を失い、人生の再設計を余儀なくされた。その後の時間の経過に伴って、生活をめぐる事情はどんどん複雑化していった。夫婦関係が深刻化した世帯、避難先で進学するかどうか悩む受験生、職が安定しない母子家庭の母親、心身の疾患を抱えた高齢者など、それぞれが抱える悩みは個別化・多様化していた。どれもこれも原発事故がなければ悩まずに済んだことばかりだ。でも怒りだけでは解決が図れないし、まして一斉に住宅を退去して状況が改善されるはずもない。

そこで、この退去までの２年の延長期間に一人ひとりの避難者の今後の人生の再設計について寄り添う支援を行うことになった。京都府は、長期にわたって避難者に寄り添ってきた特定非営利活動法人和（なごみ）に事業を委託した。一人ひとりの避難者の相談に乗るにとどまらず、伴走しながらその状況を把握し、自分自身の問題状況を客観的に見つめ直し、その課題を解決する手助けをすることとしたのである。

京都府が入居中の34世帯のリストを提供し、法人が把握している世帯と合わせた約150世帯のうち退去期限が迫っているケースなどを中心にアセスメントを実施し、自治体の関係部署とカンファレンスを開いて、専門家の手も借りて解決を図った。まさに災害ケースマネジメントの実践である。

法人の理事長の大塚茜さんは、２人の職員と共にまずは避難者との信頼関係の構築に心を砕いた。避難者に応対するときに大切なのは解決手段の熟知でもなく、有資格者の専門性でもなく、当事者に「わかってもらえたと思える応対」である。「その人の生き方を尊重し、自ら生きる意味を再構築することを支えることが大切です」「何のために京都に避難してきて、今の状況を人生全体のプロセスにどう位置付けるかを一緒に考える姿勢を大事にしてきました」と大塚さんは話す。

ひとは安心して語れる他者がいると、将来や生きる意味を言語化でき、その後の課題に自ら臨むことができる。それを支援者と共有することで、支援制度や既存の社会資源に対し、より主体性を持って選択できる。こうした考え方は、終末期がん患者への緩和ケアを契機に研究が深化した「対人援助論」に学ぶところが大きいという。

カンファレンスには、行政の関係部署（福祉、住宅など）と法人を核に、ケースに応じて社協、医療ソーシャルワーカーなどの関係者が参加した。行政は京都府だけでなく、福島県の生活支援課の職員も参加した。中には税理士が入ったケースもあれば、お寺の関係者が入ったケースもあった。そこで大事にされたことは、立場やメンツではなく、誰のための支援なのかという目的を共有することだ。「その人の生きる意味の回復」という目的さえ共有されていれば、参加者の信頼関係も築けるし、電話等を使った持ち回りでのケース検討も可能だという。そうなれば、その後の支援もスムーズに進む。やはり重要なのは目的の共有ということだ。

大阪に拠点を置く支援団体「まるっと西日本」は、避難者の生活者視点に立ってきめ細かな情報発信に力を入れている団体である。メール、情報誌、ウェブ、ラジオなど、あらゆる方法を駆使して避難者の求める情報をタイムリーに届ける。代表世話人の古部真由美さんは、「被災県や東日本でしか配信されない情報や、行政が発信する情報をわかりやすく噛みくだいて届けています。なかでも重要なのは、日々の生活に直結する、経済支援に結びつく情報です。新たな支援策や奨学金の情報などを、必要としている人に届くように心がけています。」と話す。

メールは苦手だという高齢者の声に応えて情報誌の発行も始めたところ、「私にも届けてほしい」と反響があって、現在は関西2府4県の全避難世帯に支

和（なごみ）の代表の大塚茜さん

まるっと西日本の支援情報誌（古部真由美氏提供）

援情報が届けられている。

古部さんの支援活動は、避難者の置かれた生活状況の変化に応じて進化している。関西の他の支援者と共に、戸別訪問や電話相談などを通じて一人ひとりの悩みに耳を傾け、孤立の淵に立たされた避難者に手を差し伸べる。課題があれば一緒に解決策を考え、その人に合った支援情報を探して届ける。避難者の方にハードルの高い申請手続きには同行して手助けもする。これまでの活動の中で培った専門家たちとの連携もフルに生かす。

住まいの問題は宅建の専門家に、心の問題はケアの専門家に、法的な問題は弁護士につなぐ。私も古部さんとの連携の中で、避難者の課題に取り組み、解決に至って共に喜ぶ場面があった。古部さんは、「孤立させないためには、体温を感じる距離で対話できる関係性が必要。支援する誰かがいれば希望を持つことができる。これからもずっと、暮らしの再生に寄り添う存在であり続けられたら」と語った。

災害ケース
マネジメントとは

51 災害ケースマネジメントの定義の５つのポイント

本書では災害ケースマネジメントを「被災者一人ひとりに必要な支援を実施するため、被災者に寄り添い、その個別の被災状況・生活状況等を把握し、それに合わせてさまざまな支援策を組み合わせた計画を立てて、連携して支援を実施する仕組み」と定義しているが、特に重要なポイントを５つピックアップする。

第１は、被災者に対して個別対応するということだ。

これまでの災害対応は、画一的・集団的な処理・制度がメインだった。たとえば、災害の危険を避けるため区域全体に避難指示する、というのはわかりやすい一例だ。

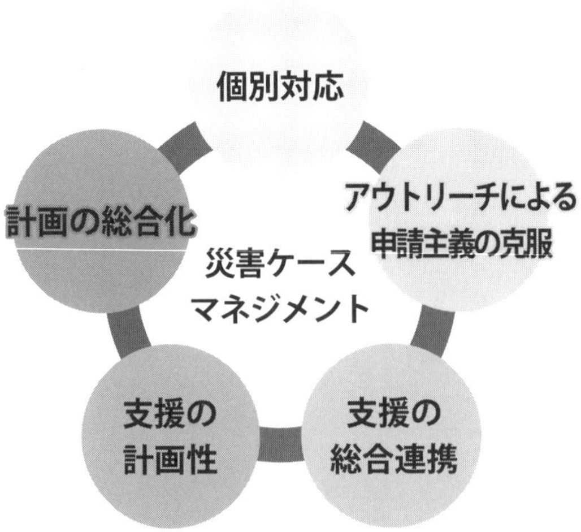

しかし、その後の生活再建の場面でも、画一的な処理は続く。全壊判定だと支援金を出すが半壊には一切出さないとか、2年経ったら仮設住宅から一斉に退去させるとか、とにかく個別の事情を考慮せずに切り捨てるのが当たり前だった。

でも、そういうやり方はもう古い。被災者にとっては不条理そのものだし、行政の立場からも無駄が多くて不合理だ。人権問題として捉えたら個人に対応するのが当たり前。そこで、集団的・画一的な対応とは異なり、一人ひとりの実情に合わせた対応が求められている。

第2は、アウトリーチによる申請主義の克服だ。

これまでの支援制度は申請がなければ何も進まなかった。申請主義を過度に推し進めると、どんなにひどい被害を受けていても、役所に出頭して申請をしなければ被害そのものがなかったのと同じことになってしまう。

日本では「申請なければ事実なし」というのが当たり前になっていて、私たちの日常生活でも、アンケートに答えないと「データがなければ事実もない」、選挙で投票に行かないと「一票なければ民意もない」という社会実態に慣れ切っている。

でも、現場に行けば苦しんでいる人がいる、困っている人がいる。それが事実だ。こちらから出向いて事実に迫るアウトリーチの必要性を、定義の中では「寄り添う」という言葉に込めている。

第3は、支援の計画性だ。

場当たり的に支援を行って、それでよしとするのではなく、きちんと支援の計画を立ててそれを実行するのである。PDCAサイクル(Plan：計画、Do：実行、Check：評価、Action：改善)が参考になる。

これまでの災害支援は、泥出しボランティアして終わり、傾聴・相談して終わり、支援金を支給して終わりと、系統性・全体性にかける弱点があった。

一般に商売も営業も、事業計画を決めて、お仕事をしたら、決算をして、次年度計画に反映させる。被災地の復興も、計画を立てて、事業をして、検証をした上で、次につなげる。そうであれば、一人ひとりの生活再建でも同じように計画があってしかるべきである。

第４は、計画の総合化だ。

支援計画は、一人ひとりの被災者の状況に応じてオーダーメイドでつくってパッケージする。その計画はそれぞれ違ったオリジナルなものになる。

在宅被災者のケースでも、アウトリーチして事実に迫ってみると、目に見える家屋被害だけでなく、経済困窮、就労問題、健康不調、心のケア、家庭不和、孤立など、抱えている問題は、１つとして同じものはない。

支援制度の活用方法も異なる。被災者支援制度だけでなく、生活困窮者自立支援や生活保護など平時の福祉制度も大いに利用し、民間の支援の仕組みなどもメニューに加えなければならない。さまざまな支援の仕組みを組み合わせた総合的な計画をつくるのである。

第５は、支援の総合連携だ。

あらゆる支援制度を組み合わせて計画を立てたのだから、それを実践する支援者も、あらゆる分野が集合することになる。行政だけでは足らず、民間団体や専門家も総動員する。

ここで大事なことは相互に連携することだ。さまざまな支援セクターがバラバラに支援を行うと、重複の無駄も起こるし、矛盾による衝突も起こるし、せっかくの計画も台無しになりかねない。

2009年の兵庫県佐用町の水害では、NPOの開催したイベントで、ボランティアが被災者のつぶやきを聞き、私が弁護士としてバトンを受けてその相談に乗り、解決方法を税理士が助言したという事例があった。現場では被災者を中心に連携の輪が形成される。これをきちんとした仕組みにして、多分野の支援者が総合連携し、いわば総がかりで支援を行うのである。

52 アメリカ発祥のケースマネジメント

「災害ケースマネジメント」は、災害に特化した「ケースマネジメント」である。日本では、介護保険サービスにおける「ケアマネジメント」という言葉の方がなじみ深いが、意味することは同じだ。

そこで私は、災害ケースマネジメントのことを「介護保険のケアマネジメントの災害版です！」と紹介することが多い。

ケースマネジメントの発祥は1970年代のアメリカである。精神障害者が地域で暮らす方法を検討する中で、「住むべき住宅」と「生活の充足」という２つのニーズに応えるため、１つの相談窓口をつくった。そして、一人ひとりの当事者のニーズを洗い出し、そのニーズとサービス・支援をつなげる作業を行った。この作業の手続きを体系化して「ケースマネジメント」と呼ぶようになった。

日本では、2000年４月開始の介護保険サービスが始まったときから厚生労働省がケアマネージャー、ケアプランなどと「ケア」という言葉を公式に使っている。「ケース」よりも「ケア」の方がよりあたたかいイメージを与えることもあって社会に定着し、「当事者の社会生活上のニーズを充足させるため、当事者と適切な社会資源とを結びつける手続きの総体」を「ケアマネジメント」と呼ぶようになったが、「ケースマネジメント」も中身は同じである。

ケースマネジメントは、精神障害者はもとより、高齢者、身体障害者、知的障害者、被虐待児童など困難を抱えた当事者に広く活用されている。最近では生活困窮者や服役後の社会復帰支援の場面でも活用されている。アメリカのほか、イギリス、ドイツ、カナダ、オーストラリア、台湾などでも制度として確立されている。

この「ケースマネジメント」の仕組みを災害の被災者にも適用したのもアメリカだ。

末日聖徒イエス・キリスト教会のヒューマニタリアンセンター内の支援物資の準備作業所（ユタ州）

2019年9月にユタ州の世界的宗教団体が行う被災者支援のシステムを視察した。この団体は、世界中のどこかで災害が起きると、その地域のリーダーが、被災者の状況を丁寧に調査する。一人ひとりの被災者の衣・食・住さらには就労や産業までニーズを把握し、上部団体を経由して、アメリカ本部から速やかに物資や人材を支援する。将来の生活再建を見据えて「与える」支援から「自立」のサポートまでプログラムが確立している。コーチング的なシステム（62項）も確立しているのだ。2011年には、遠くアメリカから東日本大震災の被災地にもその支援の手が届いていた。こうした活動のバックグラウンドには宗教があるから、ヒト・モノ・カネのバランスが取れた「備え」が平時からの日常的奉仕活動として実践されているのだ。

最初の災害ケースマネジメントは、ハリケーン・カトリーナにおけるFEMAの実践である。これについては69項で紹介する。

アメリカでの支援活動は、生活ニーズに即応している。日本では「衣食住」という言葉が一般的だが、アメリカの災害時のニーズはもう一歩進んで「医職住」で把握されている。災害によって「医療」すなわち心身の健康にダメージを受け、「職業」すなわち仕事や収入についてダメージを受け、「住宅」すなわち住まいがダメージを受けるという意味だ。

室崎益輝神戸大学名誉教授は、さらに「育・連」を加え、教育のダメージ、社会連携や環境、コミュニティのダメージについても「医・職・住・育・連」と多面的に捉えることを提唱している。

こうした当事者の社会生活上のニーズを充足させるために、確立された手法が「ケースマネジメント」なのである。

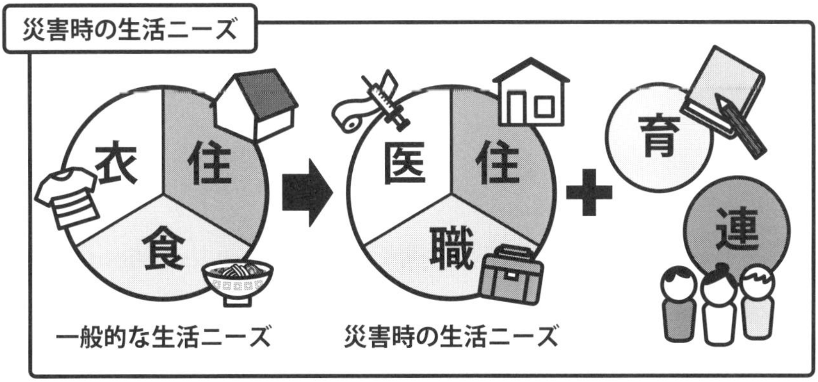

53 福祉制度の徹底活用

ケースマネジメントは、その成り立ち自体が福祉的要請に基づくものだし、現在の主戦場も福祉の世界だ。したがって、災害ケースマネジメントの実施に当たっては、福祉制度を駆使する必要がある。

岩手県岩泉町の「岩泉よりそい・みらいネット」は、2016年の台風10号被害をきっかけに立ち上がった団体だが、相談は災害に限定せず「生活が苦しい」「仕事がない」「頼る人がいない」といったあらゆる困りごとに対応し、多くは福祉制度とつなげることで解決をはかっている。活動モデルは新しい福祉制度の枠組みである生活困窮者自立支援制度（2015年４月スタート）に基づくもので、活動資金は厚生労働省の「多機関の協働による包括的支援体制構築事業（『我が事・丸ごと』地域づくりのモデル事業）」を利用している。福祉制度を徹底活用している好例だ。

実は、災害分野と福祉分野は、これまで十分な融和がなかった。災害分野は危機管理や都市計画など大きな話が中心になりがちだが、それは行政目線なのでそうなってしまうだけで、生活者目線に立てば生活再建も生活福祉も同じ水平線上の問題にほかならない。災害ケースマネジメントでは、２つのタテワリの分野を融合することが必要になる。

ところで、この「福祉」という言葉には若干の違和感がつきまとう。というのは、行政における福祉という言葉には、「かわいそうな人」というニュアンスが付いて回るからだ。しかし、もともと福祉とはそういう意味ではない。「福」という字も「祉」という字も、幸福を意味する。辞書にも「しあわせ」「ゆたかさ」と記述されている。

福
祉

【福】フク さいわい
幸い。しあわせ。

【祉】シ・チ さいわい
幸い。しあわせ。

憲法の人権規定には「公共の福祉」という言葉が何度も出てくる。憲法解釈では「各個人の人権の相互の衝突を調整する公平原理」と説明されるが、やさしく言い直すと「一人ひとりの幸せをすべての人に保障するための自制心」ということである。

福祉的発想というのは、日本に暮らすすべての人々に幸福が行き渡ることを意識して法の運用に努めることをいう。

災害は、一人ひとりの個人の幸福追求の権利にダメージを与える。幸福の中身は人によって違うし、ダメージの受け方も人によって違う。しかし、幸福追求権を回復するというテーマは共通であるはずで、それを実現するために災害制度があり福祉制度がある。考えれば当たり前のことだが、現場で現実的な問題に取り組んでいると、人間は近視眼的な習性があるから、つい細部にとらわれたり、事なかれ的な発想に陥りがちである。そういうときこそ基本である福祉的発想に立ち戻ることが重要だ。

54 目的を見誤ってはならない

制度の中で一番大事なのは、「目的」である。その目的を見誤ると、どんなによい制度であっても、無力に帰することもあれば、かえって逆効果や副作用が生じることさえある。被災者を救うはずの災害救助法が、人権保護という目的を忘れて形式的公平ばかりが重視され、被災者に苦難を強いたり、仮設住宅に入居させない、仮設住宅から追い出す、という根拠に使われるケースが続いている（23項）。

目的を見誤ることはとても危ない。テレビドラマでよくあるシーンだが、正義のヒーローが悪役に魂を乗っ取られると、むちゃくちゃ手強い敵になってしまう、そんな場面を私は連想してしまう。

災害ケースマネジメントも同じである。

一人ひとりのニーズを的確に把握して、あらゆる方法を使って計画を立て、総力を挙げて計画を実現する、というスキームはどのような場面でも効力を発揮する。異なる目的であっても有効だ。たとえば、阪神・淡路大震災における神戸市の仮設明け渡しのケース（49項）は、十分な成果があった。しかし、決して災害ケースマネジメントの成功例として紹介されることはない。なぜなら、「被災者の生活再建」が目的ではなく、「仮設住宅の明け渡し」が目的になっ

結果が同じ「仮設住宅の退去」でも…
目的は
被災者の生活再建
再建の一歩
強制退去
目的は仮設住宅の
明け渡し

ているからである。災害ケースマネジメントの手法を使った古い例として、また、計画段階では福祉的な視点を盛り込み被災者に寄り添う対応も多々見られた先例ではあるが、ゴールとなる「目的」が「仮設住宅の明け渡し」になってしまったという意味では誤用例の１つと言わざるを得ない。

仙台市では、仮設住宅の退去が目的ではなく、あくまでも「被災者の生活再建」が目的であるということを徹底したことで現在の災害ケースマネジメントの流れの源流として、評価されている（退去後のフォロー状況を検討する必要もある）。

仙台市の災害ケースマネジメントの例にならって、被災者の個別対応をしている自治体が増えているが、残念ながら、その中には「被災者の生活再建」という基本的な目的を忘れて、たとえば「見守り」であるとか「地域復興」「コミュニティ再建」といった、ちょっと外れたところに目的を立てる例がある。「個人の生活再建」という目的を立てることが、何となく従来の行政施策にフィットしないと思って、ありがちな言葉で繕っているのだろうと思われる。

しかし、そういう施策だと、結局、災害ケースマネジメントは効果を発揮しない。ギリギリの選択を迫られたときに、その被災者の生活再建よりも、「見守りの利便のために施設入所を誘導する」とか「地域復興の支障になるので転居を強いる」とか「コミュニティ再建のために自由な権利を制限する」などという選択を正当化することになってしまうからだ。

もちろん、見守りや地域復興やコミュニティ再建は重要なことである。しかし、災害ケースマネジメントは、一人ひとりの被災者に寄り添って、その人の権利回復をすることを目指して発案された、いわば「人間の復興」の実現プロセスなのであるから、あくまで目的は「生活再建」でなければならない。目的が違えば、たとえ手段が同じであっても、実現される形は異なってしまう。

ケースマネジメントの技術論

55 ケースマネジメントのプロセス

一般的に、ケースマネジメントは、当事者のニーズと社会資源とを結び付けて調整していくプロセスのことをいう。その流れは次の①～⑤の順に整理することができる。

①「アセスメント」＝問題点を探り、ニーズを査定する
②「プランニング」＝ケースプラン（計画）を作成する
③「プランの実施」＝適切なサービスや支援などの提供を行う
④「モニタリング」＝計画実施の点検・確認をする
⑤「再アセスメント」＝あらためて問題とニーズを探る

再アセスメントに基づいて計画を見直し、再びプランを実施するという繰り返しを経て、課題が解決すれば目標達成してケースマネジメントは終了ということになる。

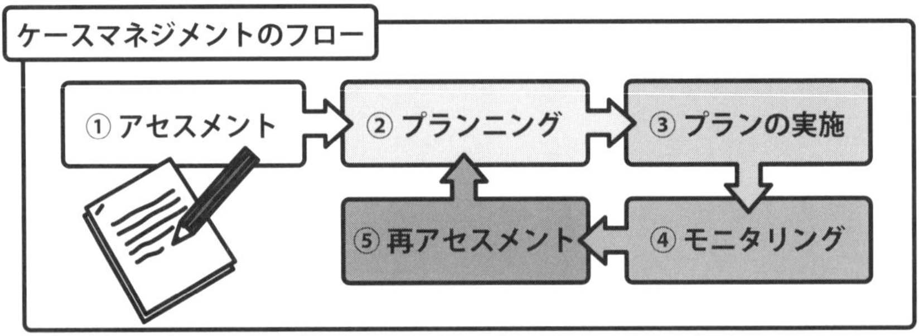

災害支援のあらゆる仕組みは、このうちの一部分には当てはまる。たとえば、被災者生活再建支援金は、住家被害判定を行い（≒アセスメント）、支援金を支給する（≒実施）。ただし、その後のモニタリングも再アセスメントもない。

在宅被災者への支援は、実態を調査し（＝アセスメント）、生活再建の計画を立てたとしても（＝プランニング）、実施するプランがないため、延々と再アセスメントが繰り返される。

この抜けている部分を埋めるのが、災害ケースマネジメントの要諦である。バラバラに点在する支援の仕組みをつなげて一本の線にし、循環させるフローが必要なのだ。

ケースマネジメントのプロセスの中で最も重要なのはアセスメントで、アセスメントがきちんとできていれば、その後の流れは、PDCAサイクルを意識することで、進めることができる（51項）。

PDCAサイクルは、もともと生産工程や品質管理の改善手法の１つで、ISO9001などにも用いられ広くビジネスモデルとして定着しているが、一人ひとりの生活再建は一定の品質を保証した人生の再生産のプロセスであることから、PDCAサイクルを意識するのが適当と考えている。あらゆる分野で使えるノウハウは徹底活用しようというメッセージを込めているのである。

56 入り口となるアウトリーチの重要性

ケースマネジメントの入り口の前で、とても重要な作業がある。それは「被災者の発見」だ。高齢者や障害者を対象とする一般的なケースマネジメントの福祉プロセスの中でも、ニーズを持った当事者が自らSOSを発信するのは難しいとされている。そんな人をいかに発見するかが何よりも重要なのだ。

災害時には、制度から取り残された被災者が沈黙の中で耐えている。在宅被災者は、支援が必要であることが明らかなのに自らSOSを発さず、支援の入り口までたどり着けない。

第１の理由は、被災者という行政の認定の枠から外れて取り残されているからだ。り災証明がない、避難所にいない、仮設住宅に入居しない、ということで被災者支援の入場券がもらえないのだ。

第２の理由は、申請主義というハードルを越えられないからだ。支援制度の申請をしないのは、制度を知らない、申請が難しかったり面倒でできなかったり、自分とは関係のない制度だと誤解をしているなどの事情で、申請に及ばないのだ。

第３の理由は、一人ひとりが固有の事情に押しつぶされているからだ。病気

や障害、借金、家庭不和、地域内孤立や、支援に対する強いあきらめの心情など、それぞれが抱えている困難の重さが理由で沈黙を保っているのだ。

こうした人々に対する対応策の第一は「アウトリーチ」である。アウトリーチというのは、直訳すると「手を伸ばす」という意味だが、福祉分野では「積極的に対象者のいる場所に出向いて働きかけること」と定義される。もう少し広く言うと「生活上の課題を抱えながらも自ら支援にアクセスできない個人や家族に対し、家庭などへの訪問支援、当事者が出向きやすい場所での相談会の開催、地域におけるニーズ発見の場や関係づくりなどにより支援につながるよう積極的に働きかける取り組みのこと」をいう。

原発避難者の支援では、避難者同士の交流会や、講演会や勉強会などを催し、その場を通じてつながりづくりをする動きが全国で実施された。名古屋では、避難者方に戸別訪問してお米を届けることをきっかけにつながりをつくる動きが展開された。

在宅被災者の支援をするチーム王冠の伊藤健哉さんは、在宅被災者に訪問を繰り返す中で、「もう来ないでいい」と言っていた人がしばらく経って亡くなったことを知り、断られても訪問を繰り返すべきだったと今も悔やんでいる。

ニーズはあるのだ。やはり、直接、そこに行って顔を合わせないことには、閉じこもった殻を割って一歩踏み出すことは難しいのである。

タイミングも大事だ。岩手県では、当初、災害関連死について消極的な対応だったのを見直し、積極的な申請を促すための広報に努めたが、申請は増えなかった。原発避難者の支援でも、避難先の自治体から案内チラシなどを発送して呼びかけたが、呼びかけに応じる人数は年々減っていった。

相談室ではうかがいしれない情報も、アウトリーチによって被災者の暮らしぶりがつぶさにわかり、立体的に本人の状況を理解することができる。阪神・淡路大震災から長年にわたって被災者に寄り添う支援を続けてきた看護師の黒田裕子さんは、被災者宅のゴミ箱からアルコール依存の兆候を見つけ、カレンダーの記載から地域内孤立を発見し、衣服のしわから家事不可能のサインを発見し、孤独死を防いだ。

私も災害ボランティアと共に東日本大震災の被災者のお宅を訪問した。弁護士であることを名乗って現地相談会で聴いた話と、アウトリーチして生活ぶりを直視して体感したものとでは、まったく印象が異なり、得られる情報も異なる。

相馬市で地域医療に従事する早川知彦医師は、仮設住宅に暮らす患者や生業再建に打ち込んでいる患者たちのところに積極的に往診を重ねていた。私は、早川医師に同行して、病の背景にある生活実態の改善も、重要な医療課題なのだということを迫力をもって学ばせてもらった。

アウトリーチのプロフェッショナルとして、社協、保健師、看護師、災害ボランティアなどが連想される。記者などの報道関係者もアウトリーチのプロだ。しかし、たとえ行政職員や専門家であってもまずアウトリーチから始める、という姿勢が災害ケースマネジメントには求められる。

57 支援ニーズに迫るアセスメント

再三強調しているように、最も重要なプロセスはアセスメントである。アセスメントを直訳すると「客観的評価・査定」となるが、介護福祉の分野では、ケアプランを立てるために行う情報収集のことをいう。災害ケースマネジメントにおいては、「一人ひとりの被災者の個別の被災状況や生活状況等を把握し、支援のニーズが何であるかを見極めるための情報収集」を意味する。

日本の被災者対応は、家屋の調査をして、全壊、大規模半壊、半壊、一部損壊というランク付けをして、り災証明書を発行するとそれで被災者のアセスメントはほぼ終わってしまうのが現在の行政の実情である。り災証明一本主義と揶揄されるのは、アセスメント軽視の姿勢に対する批判である。

災害ケースマネジメントの代表的な提唱者の一人である菅野拓京都経済短期大学講師の調査によれば、り災証明書と震災による失業率とは相関関係はなく、また、り災証明書と支援を要する高齢者の率とは相関関係がないということだ。考えてみれば当然の結果ともいえるが、り災証明書だけでアセスメントをすることの片面性が浮き彫りになっている。

では何をアセスメントするのかということであるが、「医・職・住」と「育・連」という切り口（52項）からすれば、

①心身の健康への影響

②トラウマの有無

③職業への影響

④収入状況の変化

⑤家計への影響

⑥住まいのダメージ

⑦教育関係への影響

⑧家族の状況

⑨地域コミュニティへの影響

⑩行政制度や民間支援の需給状況

といったところがベースになるだろう。

もちろん、災害の種類や、被災地の状況によってその内容を見直さなければならない。原発災害であれば避難先における生活状況が重視されるだろうし、農村地であれば田畑への影響は生計に直結する。

アセスメントの質の水準をきちんと保つためには、定型用紙によるアセスメントシートを作成することが重要である。定型化することでヒアリング漏れを防ぐことができるし、被害の深刻度の比較も容易になる。ケースプランニングの基本素材にもなる。

参考までに2019年８月の佐賀水害で一人ひとりに寄り添う支援を展開しているおもやいボランティアセンター（佐賀県武雄市）が使用しているニーズ票（①）と仙台弁護士会とチーム王冠が訪問調査をした際のアセスメントシート（②）を紹介する。

なお、アセスメントはアンケートや行政調査ではない。あくまでも被災者本人の支援を行うための状況把握で、アセスメントシートの質問にこだわり被災者の回答を型にはめるようなことになれば本末転倒である。

仙台市が「仙台市被災者生活再建加速プログラム」に基づいて仮設住宅の被災者に全戸訪問調査をした際、その業務はシルバー人材センターに委託をした。社会福祉の分野では素人だ。しかし、人生経験が豊富であることから、被災者に対する目線がやさしく、当事者の尊厳を大事にした。じっくりと被災者の話を聴き、共感の中からニーズを引き出すことができた。

宮城県の被災者の安否確認や相談に対応する生活支援相談員は、社会福祉協議会などに雇用されている職員だが、その相談員自身が被災者であることが多い。自らが被災経験を持つことから、共感がベースになり被災者のニーズを的確に把握し、支え手になることができたのである。

アセスメントに必要なことは、被災者の実態に迫ろうとする意思（目的）と、優れたアセスメントシートのようなツール（手段）、そして被災者との信頼関係をかたちづくる共感（姿勢）が重要であるということである。

①ー１（おもやいボランティアセンターのニーズ票）

ニーズ票

□緊急　　　　　　　　　　　　　　　　　　　　　　No._____

受付日時	令和　　年　月　日　　曜日　　時　分		現地調査	済	未
フリガナ		電話番号	（携帯）		
依頼者			（固定）		
フリガナ		性別	男・女	年齢	歳
対象者					
住所 （活動場所）					住宅地図の記号
電話番号	（携帯）	避難場所等			
	（固定）				
依頼内容	□室内清掃　□家周り等の清掃　□土砂除き □粗大ごみの搬出・運搬　□その他（				
	○被災状況等				
世帯状況	□一人暮らし高齢者世帯　□高齢者のみの世帯　□障がい者世帯				
	□ひとり親世帯　□一般世帯　□その他（				

活動場所の被害状況	建物は	□一戸建て（木造・鉄骨・鉄筋）
	家全体は	□傾いている　□傾いていない　□その他（
	壁は	□ヒビあり　□崩落　□被害なし
	屋根は	□瓦が落ちた　□ずれている　□被害なし　□その他（
	垣根は	□崩れている　□崩れていない　□その他（
	隣家は	□崩壊している　□傾いている　□被害なし　□その他（
	最寄道路は	□自動車で通れる　□通れない　□その他（
	浸水状況は	□床上浸水　□床下浸水　□浸水なし　□その他（
危険度合	・高　・中　・低　□その他（	
ライフラインの状況	*使用可能なものをチェック　*断水している場合は、給水所が近くにあるか要確認 □水道　□ガス　□電気	
駐車の可否	□可能（台数　　台）　□不可能（ □その他（	
トイレの有無	□あり　□なし　□その他（	
希望日	□すぐに　　月　　日（　　）　　時頃～	
	□第2希望　　月　　日（　　）　　時頃～	
必要人員	名　　　*特に必要な場合（男　　名・女　　名）	
備考		

①ー2（おもやいボランティアセンターのニーズ票）

ニーズ：要配慮 ・ 作業

行政支援 ： 無 ・ 有

訪問（ 初 ・ 回目） 訪問予定（ 3日後 ・ 一週間後 ・ 二週間後）

訪問2回目以降は、新規情報のみを記入してください

□には☑を入れること

今後の生活で気になること	□健康（心身）について □経済面 □住宅環境 □食事面 □物資の不足 □行政手続き □その他 上記の具体的内容：	
訪問希望	□再訪希望 □訪問希望しない	
	・食事	食事頻度 □1回 □2回 □3回 □その他（ ） □自力調理 可/不可 （内容：□手作り □コンビニ・スーパー等総菜 □レトルト・カップ麺） □配食希望
	・寝床 寝場所：	夜間の睡眠状況：□眠れている □眠れていない
	・入浴	□入れている （□自宅 □自衛隊風呂 □その他温泉施設） □入れていない（ 月 日～）
	・洗濯	□できている （□自宅 □コインランドリー □その他） □できない （ 月 日～）
	・心の状態	□疲れ □不安 □イライラ □ハイテンション □やる気が出ない □何から手をつければよいか分からない □そっとしておいてほしい □とにかく休みたい
	・体の状態	顔色：□良 □（ ） 歩行状態：□独歩 □補助具使用 □寝たきり 自覚症状：□なし □発災から全く休んでいない □体が痛い □けがをした □その他（ ）
制度の利用状況	り災証明	□取っている □取っていない
	応急修理制度	□申請している □申請予定 □使わない □制度のことを知らない
かかりつけ医		
その他 （気になること、配慮が必要な点）		

②（仙台弁護士会とチーム王冠のアセスメントシート）

アセスメント　No. ＿＿＿＿＿					
氏名		年齢	才	生年月日	年　　月　　日
現住所				居住形態	
震災時住所				損壊判定	
TEL				地区	
世帯人数		家族構成			
備考・補足					

アセスメント内容	
震災直後の事跡	
大要（震災半年以上経過後）	
フォロー履歴	
震災制度利用状況	
他制度利用状況/関連団体状況	

弁護士訪問・フォロー履歴				
回数	日付	弁護士	同行者	概要
1				
2				
3				

事後経過・所感など	
所感・様子	
今後の課題	
事後経過状況	

58 カンファレンス／ケース会議

介護保険サービスでは専門職のケアマネージャーがケアプランを作成する。しかし、災害ケースマネジメントにはケアマネージャーがいない。では、誰がプランを作成するのか。現在のところ、支援にかかわるメンバーが集まるカンファレンスの場で共同作成する、という形が取られている。カンファレンスの場は、ケース会議とか、検討会議とか、名前はいろいろあるが、意見交換する場はとても重要なプロセスである。

カンファレンスに集うメンバーは、ケースによってさまざまだが、3つの主要な参加者を整理してみよう。

第1に、アセスメントにかかわった者が挙げられる。チームで戸別訪問を実施している場合が多いだろうから、その情報を取りまとめた責任者がアセスメントシートを携えて出席することになる。被災者に最も近い立場にあることから、被災者情報と現場感覚をカンファレンスの場に伝える重要な役割である（いわば情報管理者）。

第2に、ケースマネジメントの計画の実施者となる者、たとえば行政の担当部局の責任者や、社会福祉協議会の担当責任者、支援団体・NPOの現場責任者が想定される（いわば支援実施者）。

第3に、ニーズと支援をマッチングしたり、支援者と実施者をつなぐコーディネートを行う者として、たとえば社会福祉士、研究者のような専門家、あるい

は中間支援NPOや災害ボランティアの責任者が、この立場にふさわしいと思われる（いわば調整統括者）。

この情報管理者、支援実施者、調整統括者に加え、その時々、その災害に応じた中心的な役割を果たすメンバーの参加が望ましい。

時期で整理すると、初期段階は医療・保健関係者が、生活再建初動期は行政の復興計画担当者が、生活再建本格期は福祉職・弁護士が、各時期の参加者の候補となる。

災害の種別で整理すると、地震関係だと住宅再建にかかわる専門家が、水害関係だと衛生関係にかかわる専門家が、原発災害だと科学・医療にかかわる専門家の参加が要請されることになる。

つまり、カンファレンスへの参加者も、一人ひとりのニーズの集約結果に応じて、その都度、臨機応変にアレンジしていくことになる。

協議は、基本的にケースカンファレンスの方式で行う。概ね次のような進行となる。

①当該被災者の被害状況、現在の状況についてアセスメント概要を配布する
②情報管理者から、当該被災者の状況を説明する
③事案について、質疑・応答を行って、課題の抽出を行う
④抽出した課題を列挙し、優先順位をつけ、検討順序を決める
⑤課題ごとに、その内容、問題の所在、他の課題との関連性を検討する
⑥課題の解決方法を協議し、具体的な支援方法を策定する
⑦支援の目標・期限などを具体的に設定する
⑧解決に向けた支援の手順、担当や役割分担、支援者の連携方法を検討する
⑨支援の方針を取りまとめ、記録化する
⑩計画として整ったかどうか点検し、関係者と共有する

この協議フローを、一人ひとりの被災者ごとに行うことになる。

進行役はコーディネーターの役割である。課題が簡明で、支援方法がルーチンなものや確立した制度であれば、さほど時間はかからない。難問もあるだろうけれど、手順を追って丁寧に進めれば、解決策は見つかるはずだ。しかし、未知の問題であったり、どうしても支援方法が見つからない場合は、無理に計

画を立てようとせず、再びアセスメントに戻って現場から考えるという柔軟性もあってよい。

会議の進め方のポイントを3点挙げておく。

第1は、何のため誰のために協議しているか目的を常に共有しておくことである。そうすれば議論が脱線しても、意見が対立しても、最終的にはゴールにたどり着けるという安心感を共有できる。

第2は、会議のルール、手順、時間管理をきちんと守ること。それが民主主義の基本ルールであり、ルールなき話し合いは井戸端会議と同じだと心得ておくべきである。

第3は、進行を管理するコーディネート役がファシリテートの能力（知識、経験、スキル）を身に付けておくこと。コーディネーターは必ずしも災害ケースマネジメントに精通していなくてもよく、むしろ会議進行するファシリテーターに徹することが望ましい（「促進者」や「調整役」とされ、自分の意見を述べたり意思決定をすることよりも、中立的・客観的な立場から会議参加者をサポートし、主体性ある会議成果をもたらすことを役目とする）。

現実問題として、関係者の参集が時間的に難しい場合もあるだろう。テレビ電話会議システムや、電話会議などの方法も検討されてよい。また、コーディネート役の負担が大きくなるが持ち回りで検討することも考えられるだろう。よいカンファレンスから、よいプランニングが生まれる。

愛媛県大洲市のカンファレンス
（江崎太郎氏提供）

59 議論を見える化する「ファシグラ」の活用

ファシリテーション・グラフィック（「ファシグラ」）は、話し合いの内容をホワイトボードや模造紙などに文字や図形を使ってわかりやすく表現して、「議論を見える化」する技法である。被災地における地域復興、コミュニティ再建の会議の場で欠かせない手法である。

会議の結果を記録する議事録とはまったく役割が違う。ホワイトボードにリアルタイムに書き込まれる文字や図形を見て、議論の全体像が見えてきて、メンバーがポイントを意識して議論ができる。発言者は自分の意見が定着するのを目の当たりにして、手応えを感じるとともに議論を客観視することができる。だから、意見が出て、議論がかみ合い、意見もまとまりやすくなる。

野崎チームの浅見雅之さん（46項）は、ファシグラの名人だ。その実物は以下のとおりであるが、黒板が整理されているのは、会議を上手に進めることができていることの証左でもある。

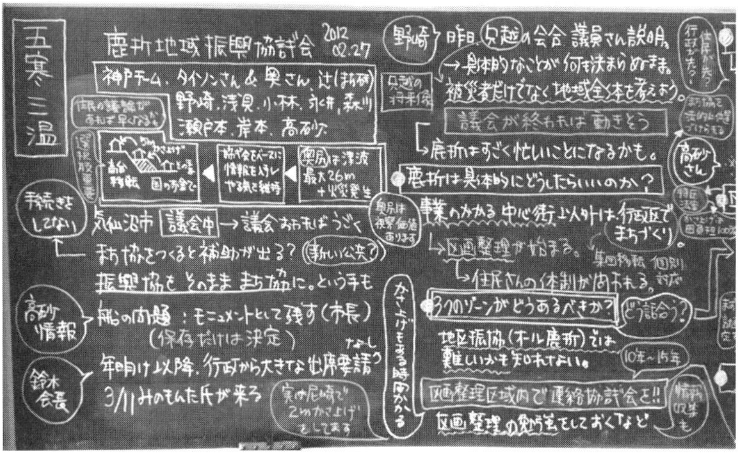

野崎チームの浅見雅之さんによるファシリテーション・グラフィック（野崎隆一氏提供）

百聞は一見に如かず。一度、ファシグラを利用した会議にチャレンジしてみよう。カンファレンス（ケース会議）における課題抽出や支援方策が生き生きと導き出され、従来のミーティングとは違った充実感を味わうことができる。

ファシグラに求められる技術は何だろうか？

第１に、発言をコンパクトに要約するノウハウだ。発言者の発した印象的な言葉をキーワードに使い、発言全体の趣旨を短文にする。逐語録とは根本的に異なるのはここである。論旨を明確にするため、発言者と対話してみるのもテクニックの１つだ。

第２に、議論全体の構図を常に頭の中に置くこと。タイトルを付け、矢印でつなぎ、箇条書きし、あるいは色を付けたり□で囲ったりするのも、全体の議論構造を理解しているからこそ、見える化できるのである。

第３に、レイアウト力。字の巧拙よりも、ホワイトボードを一見した人の頭にスッと入ってくる見せ方が重要だ。リスト型、まんだら型、チャート型など「型」もある。スペースの使い方も大切で、ユニークな工夫が功を奏する。これらの技術は経験によって習熟可能だ。

以上、テクニック的なポイントを紹介したが、本質的なことを忘れてはならない。浅見さんは「ファシグラで本当に大切なのは、アウトプットする力よりも、聴く力です」と断言する。私たちはどうしても表現方法に関心が行きがちだが、それではいつまで経っても初心者のままだ。ベストセラー作家は徹底した取材をするという。災害ケースマネジメントも、一番大事なのは一人ひとりの状況を把握するアセスメントである。「会議に関心を持ち、人の話に耳を傾ける」のがファシグラ上達の極意なのだ。

定例の話し合いやケース会議での活躍が期待されるが、訪問先の世帯が家族で複数意見が交錯している場でも効果的だ。出した意見が的確に整理されると、自己決定の力強い基礎になり、自己肯定感も充足される。自然に「ありがとう」の一言が出て、次に一歩進めることのできるお役立ちの技法である。まずは、とにかくチャレンジしてみよう。以下は私がチャレンジした成果である。

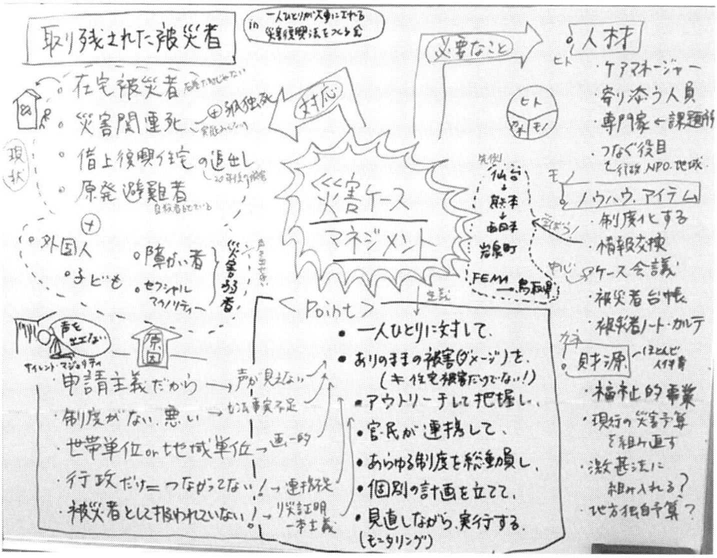

筆者によるファシリテーション・グラフィックの例

60 ニーズ優先のケースプランづくり

ケースプラン(計画)をつくるときに一番大事なことは「ニーズ優先」である。介護保険でもサービス内容に合わせてケアプランがつくられてしまうことが多い(いわゆる「サービス優先アプローチ」)。そうではなく、その人が在宅生活を送るうえで求められるニーズを先に考え、それに合わせてプランをつくるのが基本(いわゆる「ニーズ優先アプローチ」)。着る服に人が合わせるのではなく、人に合った服を用意するということだ。

被災者支援の現場でも、制度が現実に合わない場面に遭遇することが多い。阪神や東北の被災地で、復興の再開発の地に降り立つと「なんでこんな街にしちゃったのか?」と疑問を感じるケースがある。そういうケースは、例外なく「制度に合わせて街を設計した」事案だ。街の個性に合わせて設計しなかったのが原因である。街は一人ひとりの人間の総体だ。

人の生活再建のプロセスだって、道理は同じである。

では、具体的にどう計画を立てたらよいか。まず、ケースプランの目標を、最終ゴールとなる大きな目標(長期目標)と、日常の小さな目標(短期目標)と

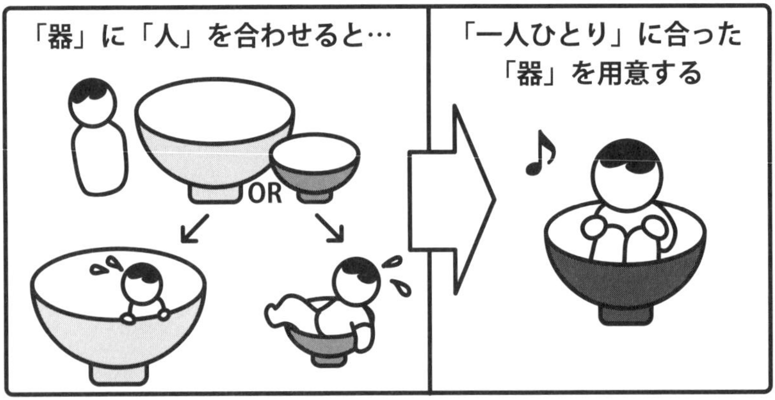

して立ててみるのが第一歩。被災者が自立した生活を送れるようにすることが最終ゴールであり、災害ケースマネジメントとして具体的に言えば、平時の施策のみでやっていけるような生活の実現が大きな目標ということになるだろう。

ケースプランの作成の基本原則を７項目にまとめてみた。

①アセスメント結果とプランに連続性をもたせること

②当事者や家族が作成過程に関与すること

③目標とプランが一体性をもつこと

④計画に特定期間が設定されていること

⑤フォーマルとインフォーマルを柔軟に織り交ぜること

⑥当事者や家族の負担を意識すること

⑦文書化すること

定型の用紙を用意して漏れ落ちを防ぐ工夫があるといい。

こうして立てた計画を、被災者が理解し承諾してから、具体的な支援を行うことになる。

災害ケースマネージメントにかかわる支援者・専門家

61 災害ケースマネジメントを主宰する支援実施者

支援の実施主体は、災害ケースマネジメントの主宰者である。

現在のところ、災害ケースマネジメントの実施者は、次の６つのパターンがある。

①行政

②社会福祉協議会

③行政や社会福祉協議会も参画する連合的な団体

④当事者団体（セルフサポート）

⑤行政から受託したNPOや専門家などの支援団体

⑥委託を受けず独立して行う民間団体

⑦その他（①～⑥の複合や亜流）

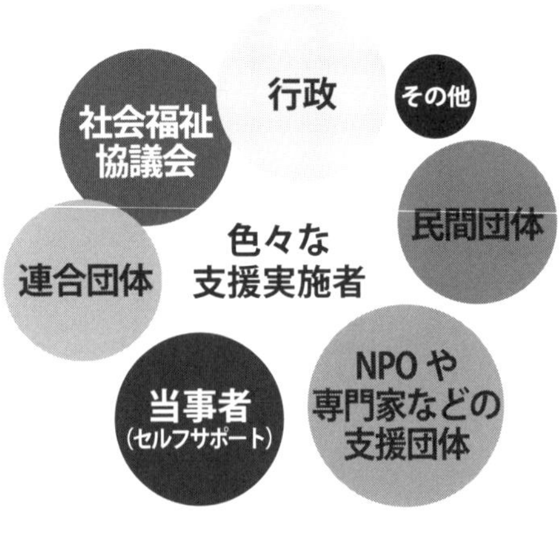

もちろん、実施予算が安定的に確保でき、さまざまな分野で実行性を確保するには、行政が実施者となるのが好ましい。

最も、ここでいう実施者というのは責任主体のことであって、現場で実際に被災者支援に当たるかどうかは別である。

ひとくちに行政と言っても、一枚岩であることは少ない。都道府県なのか市町村なのか、どの部署が主管するのか、他のどの部署と協力・連携をして対応するのかは、よく見極めないといけない。

あるいは、③のようにチーム全体が主宰者となる場合は、チームワークが大切で、チームワークの乱れがそのまま支援の劣化につながるので注意が必要である。

モデルとして整理をすると、全体の統括・管理を行うセクターと、現場で現実の支援を行うセクターと、調整や中間的支援を行うセクターの３層が存在する。

たとえば、鳥取県の災害ケースマネジメントでは、県の担当部署が全体の統括管理を行い、現場での直接支援は、市町の担当部署、民間ボランティア、建築関係者などの民間支援者に加え、民生委員や保健師など公的セクターも担当している。そして、全体の調整は、アセスメントを行った民間中間支援団体が担当している。

一人ひとりの被災者に合わせてオーダーメイドの計画を立て、それぞれ違った支援を行うことから、現場における支援の実施者はケースによって異なる。

しかし、全体の統括管理と、全体の調整は同じセクターが担っていることから、適切な計画・適切な調整が行われている限り、システムは統一感をもって進めることができる。一人ひとりに個別対応するからといって、決して場当たり的で不公平な対応になるわけではない。

システムをしっかり確立し、誰からもよくわかるように見える化することがポイントである。もちろん、見える化というのは組織図をつくるという形式的な意味ではない。誰がやっているのか顔が見える関係性をつくることである。

62 自立を支える コーチングの発想を

被災してしばらく経つと支援のあり方に変化が生じる。「その人を助ける」モードから「その人の自立を支える」モードに軸足が移っていく。たとえば、被災者に「調理した食べ物を与える」支援から、「食べ物の調理の仕方を教える」支援に移ること。直後の被災地では義援物資が中心の贈与経済に支配されるが、次第に地元の力で地域経済が再生するというのにも似ている。

新潟中越地震では、小千谷市で「弁当供給プロジェクト」が立ち上がり、地震発生から2週間後から地元食材・地元業者が集まって避難所に供給される弁当を供給することになった。「食事をもらう」のではなく、「食事をつくる」ことで、地域の自立が促された一例である。

CODE海外災害援助市民センターの事務局長で国際災害ボランティアのプロフェッショナル吉椿雅道さんは、「大きな支援から取りこぼされている人を救うこと」がモットー。短期的な緊急支援よりも中長期的な復興支援に力を入れている。2015年4月に大地震が起きたネパールで、吉椿さんは、遠く離れた山岳地域のグデル村に支援に入って住宅再建プロジェクトを立ち上げた。被災地に耐震の専門家を連れて行くのではなく、地元の大工と耐震技術を一緒に学びながら住宅再建の構想を考える場を設けたのである。たしかに専門家が直接支援した方が早い。しかし、それでは彼らの力にならないという考えがあったからだ。数カ月経って、現地では地元大工15人が、自らの力で1棟目の再建住宅の建築に着手した。吉椿さんは、その現場をみて、技術的な助力ではなく、自分たちの村のためにより一層創意工夫を凝らすようなアドバイスをした。あくまで地域の自立を促すためだ。地元の住民もそれに応えた。

「コーチング」という言葉がある。相手を育てて目標達成に導くためのコミュニケーション技術のことをいう。答えを相手に教え込むのがティーチングであるのに対し、コーチングは相手の中にある答えを引き出し、自ら動くことを促すのである。どちらも大事なテクニックだが、災害ケースマネジメントは、一人ひとりの抱える問題の解決を通じて生活の立て直しという目標に向かっていくプロセスなので、まさにコーチングスキルが活かされる場面なのだ。

ポイントをいくつか紹介する。まず「引き出す」ためには、第1に相手が下ろしている心のシャッターを上げること。「こんにちは」の挨拶や、「そうなんだね」という共感、相手の言葉をおうむ返しで繰り返し、「それで？」という関心をよせる質問が第一歩だ。質問は相手が簡単に答えられる内容から始めること。「なぜ？」という相手を悩ませる質問より、「なに？」という具体的で客観的な質問が好ましい。

対話も大事だが「沈黙」も大事である。相手が考える時間を確保するためだ。沈黙で気まずくならないように「黙っているので、ゆっくり考えてください」という一言がコツだ。不満が出てきたらそれはラッキーと受け止める。不満を提案に変える質問をぶつけることで目標達成に向けることができる。相手が価値を置いている行動を目標達成の手段にすることも継続する工夫である。

あらかじめ、相手と信頼関係を築く質問、上手なあいづちのレパートリー、独自の対面用チェックリストをつくっておくのも有効である。テクニックとして、問題を細かく具体化したり（チャンクダウン）逆に抽象化したり（チャンクアップ）、ときどき役割を交換してみる、物語をつくってみる、という手法もある。

大事なのは、答えは必ず相手の中にあると信じることだ。相手への信頼をもって質問するとともに、答えを待つ忍耐もコツだ。相手に失敗する権利を与えることが追い詰めない工夫である。

子どもを褒めることが学力を高めると言われているが、「いい成績を取ったね」とか「あなたはできるのよ」という結果や能力を褒めるのではなく「よく勉強しているね」と努力を褒めることが大事だともいわれる。自立の努力を促すときのヒントになる。

実践の中で、自らのコーチングスキルを高めていくことが望まれる。

コーチングのポイント25	
1	答えは必ず相手の中にあると確信する
2	相手から引き出す
3	すぐ答えられる質問から始める
4	かたまりをほぐす
5	「なぜ?」ではなく「なに?」と聞く
6	質問をたくさんつくっておく
7	視点を変える質問をする
8	オウム返しする
9	上手な相槌を用意する
10	こちらの心情を話す
11	不満を提案に変える
12	数値化する
13	客観的な視点を持たせる
14	かたまりにする
15	物語にしてみる
16	良い結果をイメージさせる
17	リクエストをきく
18	失敗の権利を与える
19	フォローする
20	ほめ続ける
21	役割を交換する
22	決め手の場面はクローズド・クエスチョンにする
23	目標をとことん話し合う
24	相手が価値を持っている点を目標達成手段にする
25	その人のためのチェックリストをつくってみる

63 専門家とは共に考える人

災害ケースマネジメントを実施するうえで、専門家の存在は欠かせない。

ひとくちに専門家と言ってもその分野はさまざまだ。医療分野に限っても、医師、歯科医師、看護師、医療系技師、臨床心理士、薬剤師等がいて、医師の中にも専門科目はさまざまある。医療に関しては、医療事務、医療ソーシャルワーカー、保健師などが顔の見える関係として登場し、福祉の分野とは連続性がある。福祉の専門家として、社会福祉士、精神保健福祉士、介護士のほか、地域包括センターや、社会福祉協議会職員も頼れる存在だ。

被災地では、住宅被害や土砂災害などへの対応が目の前の課題としてある。建築士や技術士といった有資格者、あるいは工務店や建築・土木関係業界の職員の助力を求める機会も多くなり、コンサルタントや都市計画プランナーなどの存在も大きい。工学部系の研究者・学者も力強い助言者となる。

生活再建の場面では、いわゆる文系職種の存在も大きい。弁護士、司法書士、行政書士、社会保険労務士、公認会計士、税理士、ファイナンシャル・プランナー、土地家屋調査士、不動産鑑定士、宅建業協会関係者、中小企業診断士などの顔ぶれも思い浮かぶ。金融機関の職員も欠かせない。

さらには、NPOや中間支援など市民活動の助言者や、宗教関係者、音楽療法士や各種セラピストといった分野もある。

こうした専門家の存在は、それぞれ単体で見ると、一人ひとりの生活再建にどう役立つのかピンと来ないかもしれない。しかし、パズルのピースのように、被災者の抱える課題にピッタリ当てはまる場面は必ずある。そこにどうコーディネートするかがケースマネジメントの実施場面の知恵である。

●コーディネートする３つのポイント

１つ目は、それぞれの専門分野や職能が何であるか知識を得ておくこと。

法律に関することならすべて弁護士に頼めばよい、というわけではない。たとえば、相続に関して何か問題が起こったら弁護士に相談するのが良いが、家の登記のことは司法書士の分野だし、相続税のことは税理士の仕事である。遺産の不動産の売却にあたっては、不動産鑑定士や不動産業者の手を借りることになるし、事業の承継に伴う面倒な手続きは行政書士に頼むことになる。「適材適所」というのは意外に難しいもので、普段から専門家とのネットワークをつくっておくことが有効である。

２つ目は、費用の件を明確にしておくこと。

災害の場合、ボランタリーで活動してくれる場合もあるが、はじめからそれを期待するのは健全ではない。どの専門家も、専門職能の公職性プライドがあるから、災害の機会に儲けようなどとは考えていないはずだが、当然に無償ということだと長続きはしない。どこまでが無償行為なのか、任務の内容、期間、拘束時間、実費弁償と労務対価の区分、具体的な支払い方法などは、早いタイミングできちんと協議をしておくべきである。

専門家たちも個々人の仕事としてではなく、業界団体の任務として被災者支援をする場合が多い。自治体とも団体として協定を結んでいる。そういう場合、決して金額は大きくない。私は弁護士なので「たくさんお金がかかるのではないか」と思われることが多い。しかし、法律相談の料金を被災者に負担をしてもらうことは滅多にない。自治体等の負担、法テラスの支援、弁護士会の任務として行うことがほとんどだ。災害ケースマネジメントを実施する際にも、率直に協議しておくことである。

３つ目は、専門家だからといってお任せにしてしまうのは正しくない。

そのスタンスは連携ではなく丸投げだ。「どんな専門家が良い専門家ですか？」という問いに対する答えをどう考えるか。高度な知識を持っている人でもなく、代わりに責任を取ってくれる人でもなく、代わりに答えを出してくれる人でもない。「一緒に考えてくれる人」というのが、哲学者の鷲田清一の示す答えだ。

災害ケースマネジメントのように、答えのない課題にチャレンジする取り組みでは、共に悩み、共に考えるプロセスが重要である。その姿勢を求め、求められる関係が望ましい。専門家になるために「人のための人になる」という言葉があるが、災害ケースマネジメントにかかわる専門家は、まさにそれだ。

64 士業連携団体とつながる

阪神・淡路大震災から１年９カ月経って「阪神・淡路まちづくり支援機構」（現在は近畿災害対策まちづくり支援機構と改称）が設立された。たとえば、マンションの再建をするには、弁護士や建築士の支援だけでは足りない。法律に「建物の価格の２分の１」と書いてあり不動産鑑定士に建物の価格を評価してもらわないと法律の適用さえできない。建物の取り壊しと新築時には登記の対応が必要だから、土地家屋調査士や司法書士の関与が不可欠だ。また、旧建物と新建物の等価交換といっても、金銭的に差が出たら課税の問題も生じるから税理士に相談をしないといけない。

たった１つの再建事業であっても、多数の専門家がかかわらないと支援ができないという状況に直面して、士業の連携の必要性を痛感した。そこで、弁護士、建築士、不動産鑑定士、土地家屋調査士、司法書士、税理士の６職種の団体が横断的に連携する組織が誕生したのである。

まちづくり支援機構は、発足後に、数々の事案に関与し、被災者の自主的な復興まちづくりにかかわってきたが、その手法は事案ごとに異なる。当事者のお話を聴き、それを合意形成してプランにまとめ、実行していく。すべてオーダーメイドのプロジェクトである。その対象を、被災者の生活再建に置き換えたらどうだろう。まさに災害ケースマネジメントにほかならない。

阪神のまちづくり支援機構は、不動産の再建がメインで発足したが、現在は暮らしの再建という観点から、社会保険労務士、行政書士、技術士もメンバーの一員となっている。

この動きは、全国にも広がっている。東京には「災害復興まちづくり支援機構」があり、三宅島の復興支援や、岩手県大船渡市の碁石地区の復興支援を行っている。メンバーには、中小企業診断士、社会福祉士、成年後見センター・リーガルサポートのほか、日本女医会も加わって、一人ひとりの個人の復興にも焦点を当てて取り組んでいる。

広島県の「広島県災害復興支援士業連絡会」は、法テラス広島もメンバーの

専門士業による連携組織（弁護士会と他士業）

地域	名称
札幌地区	札幌地域災害復興支援士業連絡会
宮城県	宮城県災害復興支援士業連絡会
長野県	長野県災害活動支援士業連絡会
東京都	災害復興まちづくり支援機構
神奈川県	神奈川県大規模災害対策士業協議会
静岡県	静岡県災害対策士業連絡会
岐阜県	岐阜県士業連絡協議会
近畿地区	近畿災害対策まちづくり支援機構
広島県	広島県災害復興支援士業連絡会
山口県	山口法律関連士業ネットワーク
鳥取県	鳥取県士業団体連絡協議会
徳島県	徳島県士業ネットワーク
高知県	土佐士業交流会
佐賀県	佐賀県専門士業団体連絡協議会
熊本県	熊本県専門士業団体連絡協議会
宮崎県	専門士業団体連絡協議会
鹿児島県	鹿児島専門士業団体協議会
沖縄県	沖縄士業等ネットワーク協議会

＜参加している専門士業＞

弁護士、司法書士、行政書士、公認会計士、税理士、土地家屋調査士、不動産鑑定士、社会保険労務士、建築士、技術士、土地区画整理士、中小企業診断士、マンション管理士、社会福祉士、法テラス等

※各会によって参加士業の内訳は異なります　（2017年9月現在）

一員となって強力な連携が維持されているが、メンバーには、社会福祉士、介護福祉士、精神保健福祉士も加わっており、西日本豪雨災害では広島県地域支え合いセンターと連携して、広島版の災害ケースマネジメントのサポート機関となっている（73項）。

こうした文系分野の士業連携は、ほかにも北海道から沖縄まで各地で結成されており、さらなる広がりが期待されている。

医療分野では、DMATをはじめとする組織連携がダイレクトに活動をしており、平時から拠点病院が地域連携室を設けるなどして連携が図られているが、次なる課題は分野を超えた連携である。

中心にいる被災者の「人生」や「生活」に分野の区分などなく、その「人」をまるっと支援しなければならないのだから、それにかかわる専門家に視野の広さと業際を乗り越える度量が求められている。

鳥取県の災害ケースマネジメント

65 災害ケースマネジメントの全国初の制度化

2016年10月の鳥取県中部地震で、鳥取県では倉吉市を中心に約１万5000棟の被害が発生した。その98％は一部損壊だった。県は、一部損壊世帯への支援金や屋根修理の特別補助金など、手厚い支援策を用意した。これらが適切に利用されれば、すべての被災者が生活再建に大きく前進できる、県はそう確信して、一日も早い被災地復興を期して制度の広報に努め、実際、多くの人が救われた。ところが、１年以上経っても約900件（全体の５％）の家が支援制度の申請をしていなかったり、屋根にブルーシートがかかったままだったりした。「ブルーシートを外すためにはどうしたらよいか？」思案と模索の日々が続く中、県が目にしたのは全国紙の「災害ケースマネジメント」の記事。「これを取り入れたら、ブルーシートが外れるかもしれない。」県は直ちに動いた。早急に関係市町の了解を取り、2018年３月には「鳥取県防災及び危機管理に関する基本条例」を改正した。これが、全国ではじめての災害ケースマネジメントの制度化だった。

「鳥取県防災及び危機管理に関する基本条例」
（被災者の生活復興支援体制の構築）
第25条の２　県及び市町村は、相互に連携し、必要に応じ、個々の被災者の住宅、就労、健康、財産管理その他生活に係る課題に総合的に対応する体制を構築し、被災者の生活の復興支援を行うものとする。

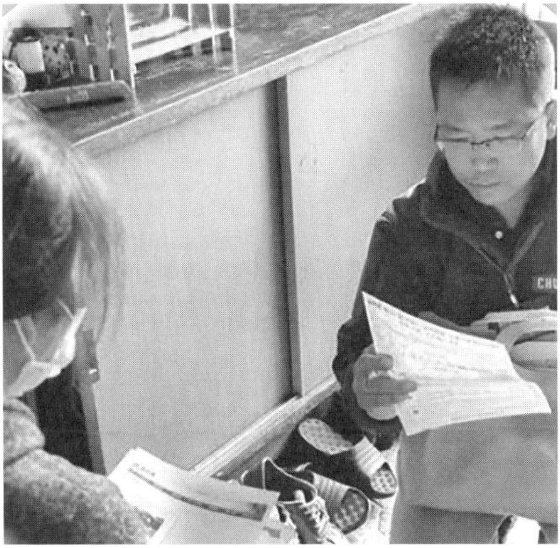

鳥取県の災害ケースマネジメント。一人ひとりの被災者に寄り添う白鳥孝太さん（鳥取県提供）

鳥取県の災害ケースマネジメントは、まず対象世帯に戸別訪問して状況を把握する。そして、必要に応じてケース会議を開いて生活復興プランを策定する。必要があれば建築士や保健師、弁護士らによる専門家チームの応援を得る。それぞれの知恵や専門スキルを活かして問題解決のサポートに当たるという仕組みである。

まずは、戸別訪問して実態調査を行い災害ケースマネジメントを実行しなければならない。その事業を、県の中間支援団体である公益財団法人とっとり県民活動活性化センターに委託した。同センターの中に震災復興活動支援センターを置き、そこが任務を担う。条例が施行されたのは2018年４月。直ちに481世帯の実態調査を行った（2019年７月末現在。以下同じ）。すると、ブルーシートがかかったままの世帯には、支援制度の申請をしない理由があり、その理由もそれぞれ違うことが明らかになった。たとえば、健康面、経済面、高齢による気力不足、相談できる相手がいないなど実にさまざまだった。こうした世帯には、支援制度をつくるだけでは足りず、根底にある問題を解決する必要がある。地域に活気を取り戻すためには個別対応が必要だという結論にたどり着いたのは、長年にわたって住民目線で被災者支援施策に取り組んできた鳥取

鳥取県版災害ケースマネジメントの流れ
訪問調査
個別訪問による実態調査を実施
県、市町、震災復興活動支援センター職員が、世帯を個別に訪問し困りごとなどを聞き取り、世帯の状況を把握。
相談例
修繕資金不足、修繕方法が分からない、安価な賃貸住宅を探している。
よく眠れない、気分が沈みがち、飲酒、喫煙の量が増えた。　等
生活復興プランの検討
実態調査の結果に基づき関係機関が集まり生活復興プランを検討
各世帯の課題を整理。関係機関と情報共有し、必要な支援の検討。
各世帯の状況に合わせた生活復興プランを作成。
関係機関
県、市町、震災復興活動支援センター
社会福祉協議会、地域包括支援センター　等
生活復興支援チームの派遣
必要な支援に対して支援チームを派遣
生活復興プランに基づいて個別訪問、専門家の派遣、支援窓口とのマッチング
生活復興支援チーム派遣イメージ
✓仕事➡県立ハローワーク等
✓福祉➡社協、地域包括支援センター
✓健康・心のケア➡保健師
✓建物・土地➡建築士、宅建協会
✓生活資金➡ファイナンシャル・プランナー
✓法律➡弁護士　等

鳥取県の災害ケースマネジメントのパンフレットより

県だからこそだ。

翌５月からはケース会議を開催した。開催数は１年間で計12回を数える。ケース会議に参加するのは、県や市町の職員とセンター職員が主軸で、ケースに合わせて専門家が参加することもある。2019年８月８日時点で確認されている生活復興支援対象家庭は105世帯。そのうち65世帯につき生活復興プランが作成された。プランに基づいて、必要に応じ専門家チームである生活復興支援チームのメンバーに応援を依頼する。

生活復興支援チームの構成は、ファイナンシャル・プランナー、弁護士、宅地建物取引業協会相談員、病院職員、建築技師（県職員）、障害者支援専門員（県職員）、ケースワーカー（市町村職員）、屋根の修繕を含む被災者の生活支援に取り組むボランティアグループ、建設業・工務店関係者である。これまでの専門家の派遣数は101件にのぼるが、建築関係や屋根修繕関係の派遣実績が圧倒的に多い。

１年間の実践により課題もいろいろ出ている。訪問調査の段階では、本人と会えないとか、近所の方も状況を把握していないということがある。ま

た、ケース会議については、災害ケースマネジメントの基本的理解に差があり、議論に温度差が出ることもある。最終的なゴールの設定の難しさもある。ニーズの質・量に合った専門家の配置や、実施に当たる市町村の姿勢の差を埋めることも必要だ。いずれも先駆者ならではの悩みであるが、後続者にとってはすべてが貴重な教訓だ。引き続き注目したい。

66 被災者への寄り添いの模索

鳥取県の災害ケースマネジメントでは、戸別訪問によりニーズを確知するのが原則だが、ニーズは被災者自身から上がるとは限らない。むしろ困っている人ほど声が上がらないという傾向がある。見えにくいニーズをいかに見極めるかが勝負だ。

ある高齢世帯夫婦のケースでは、近隣住民から「あの家の屋根が危ない」とSOSがあった。現場に行くと、高齢ゆえに屋根の修繕どころではない、深刻な要支援状態にあることが判明した。屋根そのものは屋根修理専門ボランティア団体（復興支援隊「縁(えにし)」）に依頼して対応し、併せて保健師につないで、介護予防サービスを受けるように導いた。

ニーズは屋根の「上」より屋根の「下」にある。

ある地区に、屋根から瓦が落ちそうになっている被災家屋があり、危険を感じた近隣住民が民生委員に不安を相談した。それを端緒にその世帯を訪問調査したところ、高齢である上に借金があるという事実と、世帯主が病気療養中であるという事実が判明した。また地域ともつながっていないという課題も浮かび上がった。

借金については、弁護士の支援を得て、過払い金を含めた返済状況の調査と債務整理を行いながら、今後の家庭内の対応について相談に乗った。屋根については、ボランティア団体の協力を得て、全ての瓦を撤去して板屋根に張り替えた。今の時代、地域とのつながりは自然発生的に生まれると期待することはできない。誰かがつながないといけない。今回の取り組みがその大切な機会となった。

専門家が屋根の下のニーズに取り組む。

店舗経営に苦慮している世帯では、生活資金、不動産、相続など、多岐にわたる生活上の課題が重くのしかかって身動きが取れなかった。ファイナンシャル・プランナーを派遣し、家計の点検・助言を行って前に進んだ。

地震が起きてから床が陥没し始め、このまま住み続けるのに危険を感じる世帯があった。この世帯は高齢の視覚障害者の独居で、「この家でいつまで暮らせるのか…とても不安です」と訴えていた。建築連合会役員、民生委員、市職員（福祉）、県職員（建築技師）とセンタースタッフが立ち会って調査を行うとともに、その場でカンファレンスを行った。建築士が住宅の増築された部分ごとに傾きを調査し、危険箇所を補強して安心して暮らすことができる対策の検討が始まった。

屋根瓦がズレて雨漏りがする世帯があり、業者からは「修繕費用が高額になるので建て替えをお勧めします」と言われたため、どうしたらよいか思案し、修繕しないままになっていた。そこで、市職員や建築士が相談に乗り、市の補助金で修繕する方法を検討して提案したところ、修繕費用のめどが立ち、安心して瓦屋根から板金屋根に改修することができた。

屋根に被害があった母子家庭世帯は、母親が失業中で収入に強い不安があった。母親の就職先を探すために相談に乗ってハローワークの協力を得て、民間の子どもの学習サポート活動の対応も得た。就職先が見つかって収入が安定した母親は「不安ばかりの生活だったが、センタースタッフがいろんな先に話をしてくれ、一人ひとりを気にかけてくれた。もうちょっとで本当に普通の生活に戻れそうだ」と感謝の気持ちをその言葉に込めた。

これら事案を通じて、いかに被災者に役立つ制度が用意されていたとしても、それが被災者に届かないければ効果がないということがよく理解できる。第１に制度を知らない、第２に制度がわかっていても決断ができない、第３に他に難問や困難事情があって対応できない、という実態がある。一方で、役所の通常の発想では不可能なことも、第三者が「触媒役」としてかかわることで、「支援を届くようにする」ことが実践によって検証されたともいえる。それをきちんと仕組みにすることが重要だ。

県から災害ケースマネジメント業務の受託を受け、その第一線に立って活動をしている震災復興活動支援センターのスタッフの白鳥孝太さんは、災害ケースマネジメントのポイントは「被災者の生活復興が目的で、そのために連携が不可欠だということを関係者間で共有することです」と話す。ブルーシートを無くすことが目的ではなく、ブルーシートは困りごとのマーカーに過ぎず、被災者のお困りごとを解決する方向性が関係者間で共有できれば、この仕組みは役に立つ。そして、白鳥さんは、地域と行政や支援関係者が日常生活の中で課題を共有し解決する力をつけることが大切で、また行政は課題を地域だけに押し付けずに専門家や企業も巻き込み共に協力し合って解決を図る姿勢が大切だ

鳥取県の災害ケースマネジメント（鳥取県提供）

とも指摘する。「どんなによい制度があっても、それを受け入れて活用する地域や被災者の力を高めないと役に立ちません。苗を植えても土壌を豊かに耕さないと育たないのと同じです。」と受援力を強調する。阪神・淡路大震災、東日本大震災の現場で長年にわたる災害ボランティアに従事し、鳥取県中部地震にも立ち会った経験豊富な白鳥さんだから見通せる本質だ。

本書は、災害ケースマネジメントの仕組みを活用することを目的としているが、その実践者から返ってきた答えは、成功の要素は仕組みの善し悪しではなく「平時からのチカラ」だということである。深く肝に銘じたい。

67 アセスメントシートとプランニングシート

鳥取県の災害ケースマネジメントで使われているアセスメントシートは、「聞き取り票」と呼ばれているが、鳥取県中部地震の実情に合わせてアセスメント事項が整理されている。最も、毎回の調査時にこのシートを必ず使用しているわけではなく、これは基本事項の漏れ落ち防止のためのツールであり、現場の実情に応じて記載する内容は変わってくる。ルーチンで硬直的になりがちな形式主義ではなく、臨機応変な現場主義で対応しているのだ、ということを最初に指摘しておく。

地震による家屋の傷みが屋根上のブルーシートにあらわれていることから、まず「現在の建物について」と「今後の修繕について」という項目から始まっている。

アセスメントシート

日付：
記入者：

聞き取り票

1. 現在の建物について

① 雨漏りはありますか？　□あり　□なし　□わからない
（☆2階建ての場合、2階に上がって確認されましたか？）

② その他、気になる事はありますか？　□電気　□ガス　□水道　□その他

2. 今後の修繕について

① 修繕はされましたか？　□した　□していない　□その他
② 見積もりはとられましたか？　□とった　□とっていない　□その他
③ 工務店等と契約されていますか？　□した　□していない　□その他
④ ご家族との相談が必要ですか？　□必要　□不要
⑤ その他、修繕についてのお困り事はありますか？　□あり　□なし

3. 生活について

① 生活面でのお困り事はありますか？　□交通手段　□買い物　□医療・健康　□福祉・介護　□その他

② お困りの時に相談できる方はいますか？　□ご家族　□ご友人　□近所の方　□民生委員　□自治会関係者　□病院関係者　□保健師　□その他

個人情報について、以下の者へ情報提供を行う旨を確認の上、チェック（☑）すること。
□市町村　□地元の社会福祉協議会　□鳥取県（震災復興活動支援センター）　□専門家
上記の組織と情報共有を行う旨、ご了解を頂きました。

<個人情報>

質問事項のうち「ご家族との相談が必要ですか？」という項目は、高齢者世帯の意思決定が遠くで暮らす子どもたちとの対話がネックになっているという郷里特有の事情に配慮している。

重要なのは「生活について」の項目で、困りごとの内容だけでなく、その困りごとを相談できる人がいるかどうかを聴取する点である。その被災者が地域の中で生きているか、地域につながりを持っているか、地域が課題を解決できるか。被災者の困りごとを通して、地域自体の実情もアセスメントする仕組みになっている。

アセスメントシートで忘れてはならないのは、個人情報の共有についての同意である。災害ケースマネジメントの中核であるケース会議で、大きなネックになっているのは個人情報保護であり、鳥取県でも担当職員が個人情報を心配すると表面的な協議しかできず、実態に即した濃密な検討ができない。より充実した災害ケースマネジメントを実施するためには、きちんと同意を得ておくことである。

プランニングシート

倉吉・三朝・湯梨浜・北栄・琴浦

生活復興プラン

No.

<個人情報>

ふりがな		性　別
氏　名	様	男・女
生年月日	（大正・昭和・平成）　年　月　日	歳
住　所	〒　－	
電話番号	（自宅・携帯）	

<家族情報>

家族構成	夫・妻・父・母・息子・娘・子・孫	子（有・無）
（同居・独居）	場所（県外・県内）	関係性：
備考：		

<住宅情報>

住居情報	持ち家・借家	ブルーシート（有・無）／雨漏り（有・無）
罹災度	大規模半壊・半壊・一部損壊・被害なし	
屋根の修繕状況	未着手・ブルーシートのみ・見積もり済・業者待ち・被害なし	
備考：		

<その他>

近隣との関わり方	
親しい友人（いる・いない）	会う頻度：
定期訪問（有・無）	相手：
買い物の交通手段	（車・タクシー・バス・自転車・その他　）
買い物へ行く場所	
デイサービスの利用（有・無）	

<相談内容>

【備考】	（困っていること・不安なこと・分からないこと等）

<生活復興プラン>

プラン内容

情報共有範囲	鳥取県中部地震復興本部事務局・震災復興活動支援センター 市役所・役場・その他（専門家）
日時：平成　年　月　日（　）　・	担当者：

次にプランニングシートだが、こちらもアセスメントシートと同様、あくまでひな形に過ぎず、実際のプランは個々のケースの内容に作成し、それに合わせて形式も柔軟に改善して対応している。それを前提として押さえておきたい。

シートの中身だが、個人情報欄に続く、家族情報欄は郷里地域の鳥取では不可欠の情報だ。住宅情報は調査に基づく客観的情報を記載する。裏面には人的なつながりを明記することになっている。買い物の利便も生活動線に不可欠なポイントだ。重要なのは、「相談内容」と「生活復興プラン」で、この用紙だと、生活復興プランの項目の枠が小さいが、実際に書き込まれるときはここが紙面の大半を占める。

●書き込むプランの内容

①実施すべき支援の種別　②実施の日時（予定）
③実施担当者　④派遣する専門家
⑤具体的な支援内容　⑥被災者の受け止め
⑦期待される効果

などである。

68 鳥取県の被災者支援のスタンス

鳥取県が全国に先駆けて災害ケースマネジメントを制度化した背景には、鳥取県が被災者支援に取り組む姿勢がある。

第１段階は、2000年10月の鳥取県西部地震のときのことだ。

2,600戸以上が全半壊し、住民は住まいに強い不安を訴えた。阪神・淡路大震災では「私有財産の形成に公費は出せない」という国の姿勢が壁となって住宅再建の支援制度は実現しなかったが、片山善博知事（当時）は、これをひっくり返した。「もし被災者が去ればコミュニティも地域も崩壊してしまう。それならば、仮設住宅の費用を住宅再建の補助金に回そう」、そう考えた片山知事は、被害程度や収入にかかわらず、再建に一律300万円、補修に最大150万円の補助金を支給する全国初の公的支援制度を創設した。

国は個人補償の否定根拠の関係書類をドサッと送り付け、財政ルールに関するFAXを次々に送るなどして抵抗したというが、「憲法違反だ」と主張する国の役人に、片山知事が「憲法何条ですか？」と聞き返すと、相手は黙ってしまったという。法的には何ら問題はなかった。正論で議論がされていなかっただけだったのだ。片山知事は、「日本は一人でも反対すれば走らない傾向が強いが、それでは何も進まない」と話し、現場のニーズに合わせて必要な制度を設けていく果敢さが重要だと説いていた。

現在の平井伸治知事になっても、鳥取県の堂々たる流れは変わらない。

第２段階は、2018年10月の鳥取県中部地震だ。

鳥取県は、一部損壊の世帯が約１万5,000棟と全体の98％に及ぶことがわかると、被災者住宅再建支援制度を急遽見直し、半壊以上を対象としていた支援を一部損壊の世帯まで広げる拡充を行い、後日、これを恒久制度化した。さらに、損害基準判定で10％未満の損壊であっても修繕支援金を支給する制度を設けた。

平井知事は、「今の災害対策のスキームは被災の実相に合っていない面があります。国の事情で変えられない仕組みがあったり、あるいは地域の方でも自らを縛っているところがあります。そこを解放しないと本当の答えは出ません。本当に必要なことは何だろうかと話し合って、それを素直にやっていく。鳥取県は、そういうスタイルを貫いてきました」と語る。

被災者に対して寄り添いつつ、不条理な因習にとらわれず、ニーズにマッチした制度をつくる鳥取県の姿勢こそ、自治体のレジリエンスである。平井知事は「今の制度の枠組みにとらわれていたら取り残される被災者を救いきれない」と考えた。

第３段階として平井知事が打ち出した政策が、災害ケースマネジメントだった。

条例化のきっかけになった2018年１月18日の鳥取県知事の定例記者会見の一部を抜粋しておこう。

「今、私ども喫緊の課題と考えておりますのは、鳥取県中部地震について復興の完全な道筋をつけたいということであります。…このブルーシートがかかったままの家について、私どもでは、今、災害ケースマネジメントという全国的には非常に珍しいアメリカのハリケーン・カトリーナ災害への対応など参考にして始めたものでありますが、１つ１つに福祉的なアプローチをしていこうと。それで、１軒１軒おじゃまをさせていただきまして、事情をお伺いして、たとえば、法的な問題があれば弁護士の応援を頼むとか、そういうような専門家も交えて対応していこうと、それで場合によっては生活保護に移行するというようなことも含めてやっていくということをしております。…鳥取県独自のほかにはないやり方かもしれませんが、災害ケースマネジメントを実行していて最後に突き当たった壁、これを突き崩していくには思い切ったこうした措置を、対策を構築してはどうだろうかと考えております。

69 鳥取県が参考にした FEMAの災害ケースマネジメント

鳥取県が参考にしたアメリカの災害ケースマネジメントというのはどんなものだろう。

2005年８月から９月にかけて、ハリケーン・カトリーナがアメリカ・ルイジアナ州のニューオリンズ地域を襲って大規模な被害を与えた。この災害の被害の特徴は２つある。１つ目は、被災者が全米各地に広域避難したこと（①)。２つ目は、支援が長期化したことだった（②)。

アメリカでは、アメリカ国防総省下の非常事態庁（FEMA/Federal Emergency Management Agency）が、州政府と連携し、仮住居の提供や家賃補助などの被災者支援を行うことになっている。ところが、今回は、大量の被災者が州を越えて発生したこと（①)、また、避難生活が長期化して、災害対策法で定める被災者支援期間（通常18カ月間）をはるかに超過したこと（②）から、通常モードで対応できなくなったのだ。

全米各地では、個々の被災者に対し、各州による支援、NGOによる支援、さらには通常の社会保障プログラムを活用した支援が展開されつつあった。そこで、FEMAは、こうしたさまざまな主体によって展開されている支援情報を

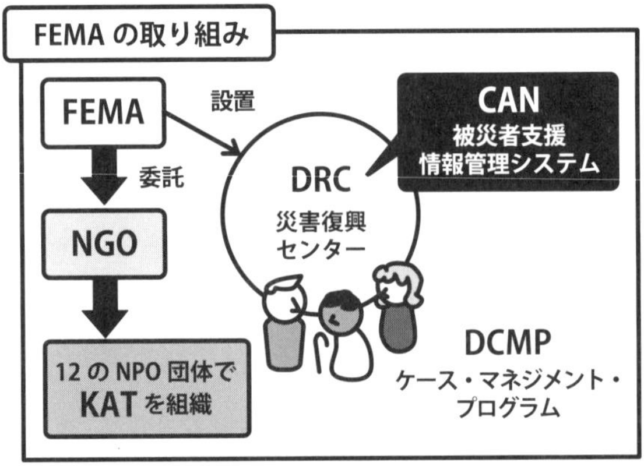

統合し、ワン・ストップ・サービスで被災者支援を円滑に行うべく災害復興センター（DRC, Disaster Recovery Center）の設置を決めた。そして、個々の被災者に寄り添いながら「満たされないニーズ」を探求し、それを満たすための支援を計画的に行うために、災害ケース・マネジメント・プログラム（DCMP, Disaster Case Management Program）を設けることにした。

具体的には、FEMAは2006年12月に被災地にて支援を展開していたNGOとケース・マネジメント・プログラム実施契約を締結し、その業務を委託した。そして、このNGOが被災地でケースマネジメントを展開する12のNPO団体で「Katrina Aid Today」（KAT）という名の共同事業体をつくり、約3,000名のケースマネージャーを採用した。各ケースマネージャーが生活再建のアクションプランをつくり、支援が行き届かない課題を明確にし、一人ひとりに必要な支援につなげた。この取り組みによって、被災者には公的支援だけでなく、民間の支援情報も届けられ、支援の選択肢が広がり、長期的に被災者支援情報の管理を行うことができた。

この支援方法を支えたのは、多様な団体によって行う支援を可能とする被災者情報の共有システムだった。災害復興センターで使用された被災者支援情報管理システムは、赤十字社が中心に開発した支援統合ネットワーク（CAN, Coordinated Assistance Network）というもので、複数の支援者がそれぞれの支援情報を入力・共有できるシステムである。CANには、現在、850の組織が加入しており1,400カ所でシステムが活用されているという。

ケースマネージャーの習熟度のばらつきや、訓練のあり方など、課題も残したようであるが、長期化によって個別化する被災者のニーズに的確に応え、行政だけでは行き届かない支援を可能とする仕組みは、参考にするに値する。

鳥取県の取り組みについて、小規模自治体だからできたことと評する声を聞くことがある。しかし、もともと、災害ケース・マネジメント・プログラムは、大量で広域で長期化する被災者支援に対応するために策定されたものである。アメリカでの発足の経緯がそれを示している。やらない理由を探す時間は無駄だ。むしろ首都直下地震や南海トラフ巨大地震に向けて、日本でも一刻も早く整備すべき支援手法と言うべきだ。

被災地での実践例

70 被災者生活再建加速プログラムを策定した仙台市

災害ケースマネジメントの取り組みは、鳥取県で制度化する前から、行政や民間で実践されてきた。主に民間団体で展開された先駆例を先に紹介したが（45項〜50項）、ここでは行政が主体となって展開している例をいくつか紹介したい。

仙台市では、仮設住宅の入居者を対象に災害ケースマネジメントのモデルというべき取り組みを行ってきた。

仙台市では、仮設住宅を9,883戸提供した。内訳は建設型応急住宅が1,392戸（14.1％）、賃貸型応急住宅（みなし仮設）が7,752戸（78.4％）、公営住宅一時入居扱いが749戸（7.6％）という割合で、賃貸型応急住宅への入居が特に多かった。賃貸型応急住宅だと、実態が見えず孤立化しやすいことから、2011年8月から直接訪問調査などを行って、被災者の健康状況を中心に生活再建支援に必要な現状調査を行っていた。健康上の問題が見つかったときは、保健師などが訪問するなどの対応をしてきた。

震災から3年目のあたりで、住宅再建をした人と、仮設住宅に残っている人の格差が目立つようになってきた。仮設の全世帯を戸別訪問して、再建方針、生活上のお金、健康不安など、一人ひとりの抱える問題につき個別の支援が急務だと認識され、2014年3月「仙台市被災者生活再建推進プログラム」が策定された。そこでは、第1に「一人ひとりの状況に応じたきめ細かな支援」、第2に「人と人とのつながりを大切にした支援」という方針が掲げられた。その時点における仮設入居者8610世帯を次の4グループに分類した。

●仮設入居者４グループの分類

①生活再建可能世帯（住まいの再建方針が決まり、大きな問題なく日常生活を送っている世帯）＝66.0％

②日常生活支援世帯（住まいの再建方針は決まっているが、心身の健康面に課題を抱え、日常生活に支援が必要な世帯）＝６.３％

③住まいの再建支援世帯（住まいの再建方針や時期が未定で、資金面、就労、家族関係等に課題がある世帯）＝24.８％

④日常生活・住まいの再建支援世帯（＝②と③の両方が当てはまる世帯）＝２.９％

このグループごとに、①については情報提供を中心とする支援、②については戸別訪問や見守りを中心とする支援、③については就労支援や民間住宅活用支援、④については弁護士等も含めた総合相談で対処することとなった。

実際に１年間にわたって個別対応をやってみて、新たな課題が発見されたのと同時に、効果が高いという手応えが感じられた。そこで、さらにこの方針を充実させ、関係機関・関係団体・NPO等との連携を強化するため、2017年３月に「被災者生活再建加速プログラム」を策定した。基本的には前年のプログラ

被災者生活再建加速プログラムにラインナップされた支援内容

被災者生活再建加速プログラム

支援メニュー	生活再建可能世帯	日常生活支援世帯	住まいの再建支援世帯	日常生活・住まいの再建支援世帯
継続的な状況調査	●	●	●	●
戸別訪問の実施		●	●	●
支援情報の提供	●	●	●	●
公営住宅への入居申込勧誘と手続き支援	●	●	●	●
復興公営住宅入居支援金の助成	●	●	●	●
住宅再建相談支援	●	●	●	●
健康支援		●		●
見守り・生活相談		●		●
地域保健福祉サービスによる支援		●		●
個別支援計画による支援			●	●
就労支援の推進			●	
伴走型民間賃貸住宅入居支援			●	●
専任弁護士と連携した相談支援体制構築				●

ムを敷衍したもので、支援のラインナップを拡充し、メニューの中身にメリハリをつけるものとなっている。

世帯ごとの個別対応とともに、居住実態のない世帯への退去勧奨などの例外的対応や、コミュニティ支援（仮設住宅におけるコミュニティ維持と、復興公営住宅や集団移転先におけるコミュニティ形成）など、きめ細かな分類が書き込まれている。

このプログラムに沿って、個別対応が実施された。市が中心となって実施し、社会福祉協議会やNPOなども協力した。その結果、仙台市における仮設住宅の解消は他自治体に比べて相当早期に進み、かつ、被災者の課題もスムーズに解消された。その実績が、この手法の有効性を力強く物語っている。

いくつか特記することがある。

まず、このプログラムで最初に重要となる戸別訪問であるが、シルバー人材センターに事業を委託した。訪問するスタッフは、いわゆる社会福祉のプロではなく、むしろ素人だ。しかし、彼らは人生経験が豊富で、中には被災者も多数いて、被災者との信頼関係の形成に寄与したという側面がある。あるいは、市民目線だからこそ生活上の課題に気付くことができたともいえる。

次に、この事業の実施には民間団体の参画が不可欠ということである。一般社団法人パーソナルサポートセンターは、この仙台市の策定にも深くかかわり、このプログラムのうち、「見守り・生活相談」「伴走型民間賃貸住宅入居支援」「就労支援の推進」についてはこの団体が実施した。また、「個別支援計画による支援」については、仙台市や社協などとともにつくる被災者生活再建支援ワーキンググループで協働して取り組んだ。民間団体が持つノウハウや情報に加え、物事に上手に対処する柔軟性、臨機応変で素早い解決能力などは、行政特有の難点を克服する力になる。

一方で、仙台市においては、賃貸型応急住宅が８割を占めるという特殊性があり、この点の検証が必要である。また、この災害ケースマネジメントの取り組みは在宅被災者を対象としていないということも問題点として指摘したい。さらに、仮設住宅から退去した後に持ち越された一人ひとりの課題の解決について真の生活再建に向けたその後のフォローが行われているか気になるところである。

仙台市の被災者生活再建支援加速プログラムの全体像

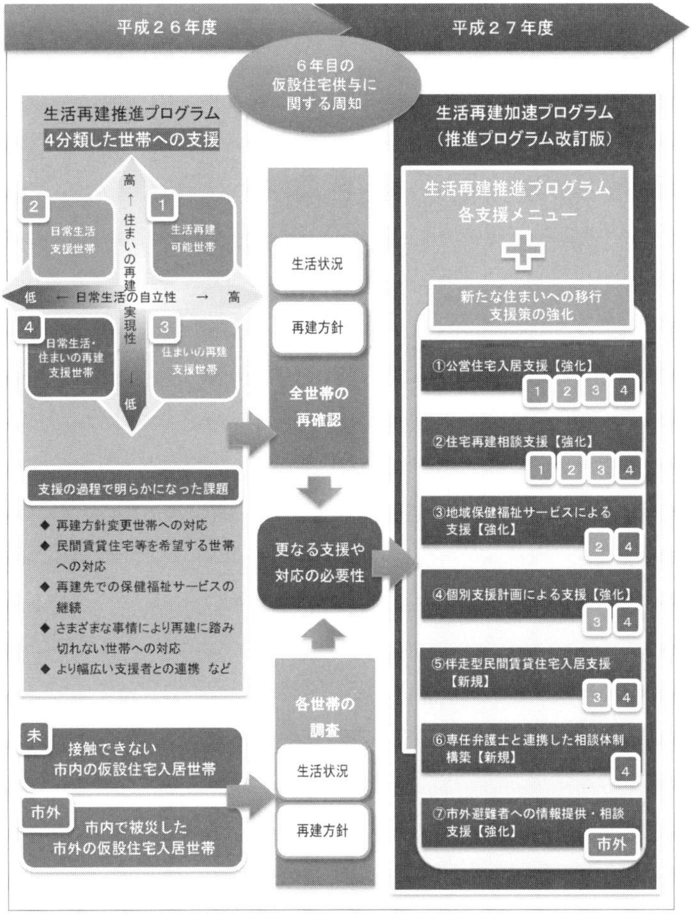

（仙台市提供）

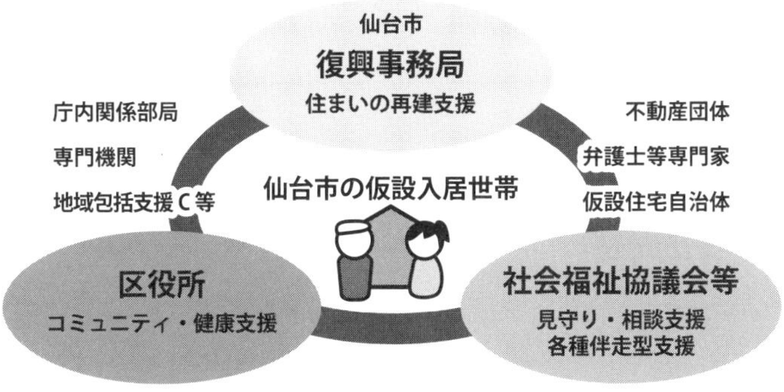

71 初期フェーズで取り組んだ熊本県

熊本地震の被災地では、学ぶべきことは学び、やれることは実践する、という意気込みと姿勢が感じられた。

災害ケースマネジメントに関しては、熊本市が、発災当初から仙台市の被災者生活再建加速プログラムの実践例を取り入れて実施をした。地震直後の2016年５月初旬から、仮設住宅の適切なマッチングを行うため、避難所の要配慮者に個別聴き取りを始め、７月には被災者の状況や課題を把握するため看護師40名体制で全戸訪問による調査を行った。初動の速さは見習うべきだ。

９月には、市役所内の関係部局が集まってワーキンググループをつくり、これら調査結果を踏まえて各世帯の課題を分析して類型化した。分類に合わせた支援方針、個別支援計画も策定した。そして、被災者への生活再建支援（高齢者の見守り、生活相談、コミュニティ支援、生活困窮者支援、就労支援など）を、庁内他部局や社会福祉協議会、NPO、弁護士会などの他機関と連携しながら実施した。

まさに仙台市のプログラムを消化して、熊本版として発展・展開させようという意図が感じられる。これらを実施する過程で、仙台市の担当者とも頻回のやり取りをしながら、ノウハウを吸収し、その成果を現場に反映していった。

仙台が「仮設→恒久住宅」のフェーズでのマネジメントだったのに対し、熊本市が「避難所→仮設入居」のフェーズでのマネジメントであり、応用がうまく適合したものと言える。

熊本県内の被災15市町村では、こうした災害ケースマネジメントを仮設後の生活再建のフェーズでも有効に展開するため、「地域支え合いセンター」を設置し、その活動を各市町村の社会福祉協議会に委託した。センターでは、生活支援相談員を配置した。そして、仮設住宅や在宅の被災者を巡回訪問し、専門機関などと連携してさまざまな相談や困りごとへの対応を行っている。さらに、集会所でのサロン活動などのコミュニティ・交流の場づくりの支援を行っている。

被災者が多数に及ぶ益城町では役割分担を行っている。在宅被災者は社協が担当し、賃貸型応急住宅には一般社団法人minori（旧：よか隊ネット益城）が、建設型応急住宅には団地ごとに分けて木山仮設団地は熊本YMCAが、テクノ・福富福祉仮設団地はキャンナス熊本が、障害者には指定相談支援事業所が、それぞれ役割分担して臨む形を取っている。

©2010 熊本県くまモン #K31969

これをバックアップする形で、県の地域振興局の福祉部局では、熊本地震生活再建困難者支援専門員を置いて、生活再建困窮世帯への伴走型相談支援業務を行っている。

熊本地震の被災地では、順次、恒久住宅に移る生活再建が進んでいる。南阿蘇村における生活再建に向けた個別ヒアリングも、その流れを見据えた取り組みだ。課題を抱えた被災者の方々が仮設の退去に向き合いながら葛藤するのはいよいよこれからである。ここまでの災害ケースマネジメントの経験をどのように生かすかが注目される。

72 岩泉よりそい・みらいネットの窓口は「災害」に限らない

2016年の台風第10号は、孤立世帯が最大33地区、死亡者23人をもたらした大災害だった。岩手県岩泉町では全4463世帯中940棟が全半壊し、高齢者グループホーム入所者９人が死亡する等の大被害が発生した。町役場、町社協に加え、NPO（フードバンク、有資格者、生活相談、見守り、母子、障害者、高齢者の支援）、弁護士会などが集って任意団体「岩泉よりそい・みらいネット」を立ち上げ、災害ケースマネジメントの実践を始めた。

岩泉よりそい・みらいネットは、受け付ける相談を災害に限定せず、あらゆる困りごとに対応することとしている。もともと生活保護受給率が県内で最も高い町で（2015年度は千人当たり25.55人）、被災者世帯を訪問したとき支援の仕組みを知らない町民がとても多かったため、ニーズと支援をつなげる必要性を痛感していた。活動の中心を担う特定非営利活動法人フードバンク岩手が行った東日本大震災後の調査で「生活で困ったことがあった時に頼み事をできる人がいない」という経済的困窮世帯が、年々増加し、孤立が深刻化していくことがわかっていた（2012年33.６％→2013年38.７％→2014年48.９％）。

そこで、支援の門戸を、災害による住宅被害に限定せず、また、災害の影響の有無にかかわらず、あらゆる生活上の困りごとまで広げた。こうしたオープンなニーズを受け止める方針とした理由は、団体の中心を担う岩手弁護士会の会長の吉江暢洋弁護士の「被災者は社会的弱者の一人。その一部分の支援だけしても解決しない」「岩泉は、過疎化・高齢化が進んでいる。被災者だけを対象に活動しても地域住民の困りごとは解消しないから、福祉相談、通常相談、何でも受け止めて必要な支援につなぐことだ」との話に端的にあらわれている。

各団体が交代で相談員を派遣するほか、応急仮設住宅などへ訪問するアウトリーチ型の相談も行っている。最初のうちは災害特有の相談が多かったが、半年以上経つと法律相談などの専門相談が増えてきて、１年以上経過すると専門相談が大半を占め、各専門分野の具体的支援が必要となることがわかってきた。１人の相談で平均２.５種類の悩みごとが複合し、課題は時を追うごとに個別化・特有化している。災害時、平時を問わず、官民協働で住民すべてを支える手段や方法を、広域連携・協働によって支援し、地域に移譲することで終結に至る。相談の多くは、平時の福祉制度とつなげることで対応している。災害制度と福祉制度をうまく組み合わせて支援する好例といえる。さらに実績が集積したら「災害時生活再建支援チーム」（D－SWAT＝Disaster Social Work Assistance Team）の先行モデルとすることも目指している。

この活動の基礎となる仕組みは生活困窮者自立支援制度である。一人ひとりの将来の生活再建に向けた取り組みで、生活困窮者自立支援の取り組みともいえる。特定非営利活動法人フードバンク岩手の事務局長として平時から生活困窮者自立支援の活動の最前線に立つ阿部知幸さんは「ある被災者が『あの時、死んでおけばよかった』と話していた。そんなこと絶対に言わせちゃいけない！」と力を込める。そのように言う強い思いが広い視野を持った支援につながっている。

活動の財源は、厚生労働省の「多機関の協働による包括的支援体制構築事業（『我が事・丸ごと』地域づくりのモデル事業）」を活用している。これも、岩泉よりそい・みらいネットの活動に正面からフィットしている。

岩手県岩泉町の在宅被災者の被災家屋の様子。便所部分が流されてしまった（阿部知幸氏提供）

73 西日本豪雨の広島モデル／ローラー作戦と専門家コラボ

西日本豪雨で被災した広島県では「広島モデル」と呼ばれる災害ケースマネジメントの取り組みが注目されている。

広島では広島県と13市町が「地域支え合いセンター」を設立した。

広島の仕組みは、仙台、熊本と続いた仕組みを承継し、さらに充実・洗練させたものと位置づけられる。活動の中心となるのは現場に近い市町の支え合いセンターだ。組織としては、主任生活支援員がセンターの活動全体をマネジメントし、生活支援相談員が現場で一人ひとりの支援に当たる体制である。

調査の上、被災世帯を「重点見守り」「通常見守り」「不定期見守り」「支援終結」の４つの区分に分けてきめ細かな対応のベースをつくる。そして、地域連携会議、個別ケース判定会議、個別ケース検討会議を置いて、それぞれ連絡調整しながら支援を進める。

相談員の支援だけでは限界があるだろうと当初から想定し、地域の住民、団体、医療・福祉のセクターとの連携こそが被災者の孤立を防ぐとの考えの下、ソーシャルサポートネットワークをつくる連携構築も重要な任務と自負している。

相談員の役割は重要だが、保健師や社会福祉士等のプロも相談員として所属している。これまでの活動の中で、ハイリスク層となる被災者の過半数は、被災前から抱えていた課題（高齢、障害、母子、生活困窮、病気、セルフネグレクト、サービス拒否、ＤＶ等々）がネックになっていることがわかってきたところだ。

この相談員がすべての被災世帯を戸別訪問するというのが広島モデルの１つ目の特徴だ。西日本豪雨災害から１年目を迎える前に全5471戸の訪問を終えて、顔と顔が見える関係のきっかけをつくった。これを信頼関係にまで高めていくことが次の課題だ。

土石流の被害に遭った熊野町の大原ハイツに住んでいた被災者の岡村良子さんは、最初の訪問では「もう団地に帰る気がない」と話していたが、２度目の訪問では「団地に戻りたい」と迷う気持ちを吐露した。相談員（保健師）は、時間とともに変化する心境に寄り添いながら聞き取りをしていきたいと語っていた。被災者の気持ちは状況の変化に応じて揺れ動く。こうした被災者の葛藤に伴走しながら、生活再建をサポートしていくことが相談員の腕の見せどころである。

広島モデルのもう１つの特徴は、弁護士や建築士などの多様な専門家の派遣を行っていることだ。2018年10月、広島県と県社会福祉協議会と「広島県災害復興支援士業連絡会」の三者が「被災者の見守り・相談支援業務に関する協定」を結び、地域支え合いセンターの活動に加わったのだ。広島県災害復興支援士業連絡会は、弁護士、建築士、技術士など専門職能14団体で構成され、戸別訪問で浮かび上がった一人ひとりのニーズに、専門職能の相談担当者が対応する。スタート２カ月のうち２割が住宅再建に関する相談で、弁護士や建築士が戸別訪問して相談に乗っている。

「広島県災害復興支援士業連絡会」の構成団体

広島県弁護士会、司法書士会、行政書士会、税理士会、社会保険労務士会、不動産鑑定士協会、土地家屋調査士会、海事代理士会、技術士会、建築士会、社会福祉士会、介護福祉士会、精神保健福祉士会、法テラス広島

西日本豪雨災害では、賃貸型応急住宅に入居している被災者が多い。住み慣れた地域から離れ、知り合いもいないところで、時間が経過するほどに孤立感が深まっている。戸別訪問は、心細い被災者に対する心強い支援になるし、一人ひとりの被災者のアセスメントとして的確である。そして、専門家が相談員として訪問し、課題の解決に当たっている。広島モデルで災害ケースマネジメントの有効性が試されている。

74 保健と福祉の情報をつなぐ真備支え合いセンター

広島と同様に、西日本豪雨で被害を受けた倉敷市では、被災から３カ月経った2018年10月１日に「倉敷市真備支え合いセンター」を立ち上げた。市の倉敷市社会福祉協議会への委託による事業である。センターの目的は、仮設住宅入居者を中心に、地域のつながりを維持して、最終的には真備地区に戻って生活再建できるようにすることである。もちろん、被災者の生活再建は当然の目標ということになる。

具体的には日常生活の見守りや、相談支援、コミュニティづくりなどを行う。被災者のうち3,000世帯は市内外の賃貸型応急住宅に住んでいるが、孤立しやすい高齢者の一人暮らしや単身世帯を中心に、見守り連絡員が２人１組で、毎日訪問して見守りをするというのが活動の中軸となる。連絡員は当初は常駐３名だったが、１年経って40人近くに増員した。見守り連絡員の資格や経験は問わない。

その大半は自分自身も被災しており、同じ目線で寄り添うことを旨とする。

戸別訪問を行うと共に、生活上の困りごとをヒアリングする。パンフレットでは、「真備地区の様子が知りたい」「知り合いがいなくて寂しい」「誰かと話がしたい」「この地域の情報が知りたい」「この先どうしていけばよいのか不安」など相談内容が例示されている。相談を受けてニーズが把握できたら、必要に応じて行政サービスや関係機関につなぐのである。

倉敷市では、支え合いセンターが発足する前に、初動の段階で保健師やケアマネ協会などが、全戸訪問をして全世帯の健康状態の把握を実施していた。看護師のグループも熱心に被災者支援を続けており、たとえば、高知県立大学教授の神原咲子さんらは、健康上・生活上の情報を届け、自らの被災情報を記録する『いまから手帳』を配布し、被災者にも好評を得ていた。医師、看護師、保健師といった専門家支援に対する信頼を基礎に、被災者の貴重な情報がストックされているのである。通常は、これら情報を他と共有することはない。支え合いセンターは福祉支援となるので、その情報を共有することはない。ところが、医療、保健、福祉が、それぞれ別個に支援を行い、そのために何度も被災者が基礎的状況を把握するためにヒアリングを受け、被災者にも相当な負担になっているという。

真備支え合いセンターは、保健師などが全戸訪問で得た情報を、今度は見守りや相談支援に提供するという画期的な連携が図られている。このことは、単なる事務処理の合理化ではなく、支援の中断・断絶を克服し、支援の輪を図るというという点で極めて大きな意義がある。現在のところ、試行錯誤しながら進めているとのことであるが、アメリカのFEMAでは、災害ケースマネジメントを実施するにあたり、支援団体が被災者の情報を共有するシステムが功を奏した。災害ケースマネジメントで情報共有システムの構築は、大きなカギになる。真備の取り組みは大きな風穴をあけるものとして注目される。

75 兵庫県の借上げ復興住宅判定委員会の寄り添い的な判定

阪神・淡路大震災の借上げ復興住宅には、震災で被災した数多くの住宅困窮者が入居した。神戸市、西宮市、尼崎市、伊丹市、宝塚市、豊中市の市営住宅、そして県営住宅。

20年経って、建物所有者と自治体の間の借上げ契約の期限を迎え、対応はそれぞれ違った。西宮市や豊中市は全員に退去を求めた。最も強硬な対応だ。一方、伊丹市と宝塚市は全員に継続入居を認めた。対極といえる被災者に優しい対応である。神戸市は一定の基準を設けて、基準に合う入居者は継続を認めるが、基準に合わない場合は容赦なく退去を求め、応じない場合は訴訟を起こして強制退去を求めるというものだ。被災者支援の視点からすれば、とても残念な対応と言わざるを得ない。

ここで注目したいのは、兵庫県の対応である。

兵庫県は、県営住宅は都市再生機構（UR）から3,160戸を借り上げて被災者に提供していた。借上げ契約の退去期限は20年だが、期限満了時に「85歳以上、要介護３以上、重度の障害者」のいずれかであれば、継続入居を認めるとしている。これは神戸市と同じだ。

ところが、兵庫県は、医師や弁護士らの専門家でつくる判定委員会を設けて、１世帯ごとに検討し、基準に当てはまらないケースであっても入居継続すべき特別な事情がないかどうか見極めて、判断するという対応をしている。

判定委員会では、2019年２月末までに４世帯は認めなかったものの、777世帯の入居継続を認めている。つまり99.5%は継続を認めていることになる。「末期がん患者がいる」「心身の状況が変化している」「一緒に暮らす家族が義務教育中」「近隣に介護が必要な親族がいる」など、「年を取ればそうだろう…」という事情を考慮したもので、どれもこれも常識的に納得できる結論である。

●注目すべき判定委員会の３つのポイント

第１に、基準に従って一律の対応をするのではなく個別のケースごとに検討。

第２に、行政だけでなく民間の専門家と連携して対応に当たっている。特に借上げ復興住宅問題が、命の問題だからこそ医師が大事な役割を果たしている。

第３に、社会が受け止める結論の納得度の高さ。

一人ひとりに寄り添う姿勢だからこそ、納得できる妥当な結論が導かれるのだ。同じ事象であるのに、神戸市や西宮市とはまったく違う結論に至った。

兵庫県の取った方法は、災害ケースマネジメントの仕組みを応用したものだ。被災者一人ひとりに対するアセスメントと、十分なケース会議と、専門家連携というプロセスを、「入居者の生活維持」という視点で貫いて実施したところがポイントで、神戸市や西宮市でも同様の施策を取るべきだったと悔やまれる。

76 山形県で始まる避難者ケースマネジメント

山形県では、2019年度より「避難者ケースマネジメント」を導入した。避難者ケースマネジメントとは、「災害ケースマネジメントの手法を参考に、一人ひとりの生活状況を把握し、個々の課題に応じた支援計画を立て、地域資源や制度を組み合わせて支援を行う、避難者の生活の自立に向けた取り組みのこと」である。原発避難者を対象にした行政のケースマネジメントは日本で初めてだろう。

避難が長期化して、避難者の個別事情はどんどん多様化、複雑化してくる。山形県は2013年から生活支援相談員らが全戸訪問調査を実施しているが、子どもが不登校になったり親が離婚して孤立したりするケースが出ており、こうした深刻な状況に対応するのが目的だ。

これを担う組織は、やまがた避難者支援協働ネットワーク（NPO・ボランティア団体、関係機関、行政機関などの避難者支援団体が情報を共有し、連携・協働しながらきめ細かな支援を行うことを目的に設立された団体）である。

生活支援相談員が戸別訪問をして就労や健康など複数の生活課題を抱える避難者の状況を把握し、次に市町村の関係部署や社会福祉協議会、NPO法人などがケース会議を開催して個別の計画をつくり、そして専門機関と連携して課題解決を図るという仕組みを導入している。アドバイザーは、社会保険福祉士や精神保健福祉士が務める。

山形県が使用を予定している「避難者ケースマネジメント支援計画シート」を紹介しておこう。

ただ、本来、こうした組織や活動を、国がきちんと整備するべきである。それが子ども被災者支援法の求めていた国の責務だからである。

支援対避難者ケースマネジメント支援計画シート

支援対象者	
■基本情報	
避難元住所	
現在の住所	

家族状況					
氏名	続柄	年齢	職業	同居の別	特記事項
	本人				

健康状況	□身体面 □精神面	通院　有・無 通院　有・無
就労状況	□無職・失業中　　年　　月頃から 就活状況　□活動中　□未活動　□決定（　）から	
所得／生計	□低収入（月額　　万円）　勤務先（　　） □年金　支給額　　万円／2ヶ月 □母子（父子）家庭 □家賃支払不安（月額　　万円） □その他	
福祉的支援状況	□有 □無	
就学状況	□就学　小学校・中学校・高校 □進学先　山形県内・避難元 □その他	
住宅状況	□転居希望 □保証人の確保に問題 □帰還希望 □その他	
相談できる人 繋がっている支援	□有 □無（要・不要）	
地域との交流状況	□有 □無（要・不要）	
放射性物質への不安	□有 □無	
賠償関係	□有 □無（要・不要）	
家族関係	□問題有 □問題無	

■課題と支援計画

○課題	○支援計画	○担当機関
➡		
➡		
➡		
➡		

■エコマップ

■支援目標

(長期的目標)

(短期的目標)

■支援実施の経過（※時系列に記載）

被災者台帳・生活再建ノート

77 災害対策基本法に基づく「被災者台帳」

災害ケースマネジメントがうまくいくには、一人ひとりの被災者のことをよく知ることである。その被災者の置かれた状況を、多くの支援者たちが等しく把握することが欠かせない。被災者の情報の記録と共有はとても大事な前提条件となる。

アメリカのFEMAの災害ケースマネジメントは、支援者が情報を共有する被災者支援情報管理システム（CAN）があったからこそ実行できた。

災害対策基本法には「被災者台帳」というシステムが用意されている（220ページ参照）。市町村長が、被災者支援のために必要だと考えたときは、任意に作成することができるとされているのだ。

> **災害対策基本法　第90条の3**
> 市町村長は、当該市町村の地域に係る災害が発生した場合において、当該災害の被災者の援護を総合的かつ効率的に実施するため必要があると認めるときは、被災者の援護を実施するための基礎とする台帳（以下この条及び次条第一項において「被災者台帳」という。）を作成することができる。

内閣府（防災担当）挙げる被災者台帳を作成する４つのメリットは以下の通りだ。

１つ目は、「支援漏れの防止」。日本は申請主義（12項）であるため、申請を忘れて受けられるべき支援を受け損ねていることがある。台帳があればチェックできる。

２つ目は、「二重支給の防止」。逆に二重に支援金を受け取っていたり、条件不足で支援が受けられないケースが直ちにわかる。

３つ目は、「被害状況、居所や連絡先の共有による重複調査の防止」。事務の合理化ということだ。

４つ目は、「各種支援の申請時における罹災証明書の添付を省略する運用を可能にする」ということである。

いずれも行政の側から見たメリットだが、被災者の側から見てもメリットはありそうだ。

マイナンバー制度ができたので、マイナンバーを活用して被災者台帳を作成する方法も提案されているが、条例を設けなければならないなど法的なところで面倒が多いため、その手法は普及していない。

被災者台帳の具体的なイメージとして、内閣府が提供している被災者台帳の例を次頁に示しておく。

要するに被災者の情報のデータベースである。このデータベースはあくまでも見本で、実際にはいろんな形式の「被災者台帳」のシステムが出回っている。システム会社が開発した高度なシステムから、エクセルでつくった素朴なものまで、レベルもスタイルもいろいろだ。もちろん紙ベースでつくった台帳も立派な被災者台帳である。

注目すべき相違点は、「建物を基準にするか」それとも「人を基準にするか」という点にある。前者は、最初に被災者が役所に来る機会がり災証明書の申請であるという現実的な流れに注目し、り災証明（住家被害認定）を中心に支援金等の情報や被災者情報を整理していくデータベースである。後者は、「被災者」が人である以上その人を中心に情報を整理していこうという発想で、住民基本台帳を土台にさまざまな情報を紐づけしていくデータベースである。本書のスタンスからすれば、人を基準にしたデータベースがあるべき姿だ。いずれにしても被災者に役立つものでなければならない。

被災者に戸別訪問して情報を入力する支援者の立場からすれば、タブレット端末から入力しクラウドでデータを管理できる方式がありがたいはずだ。その

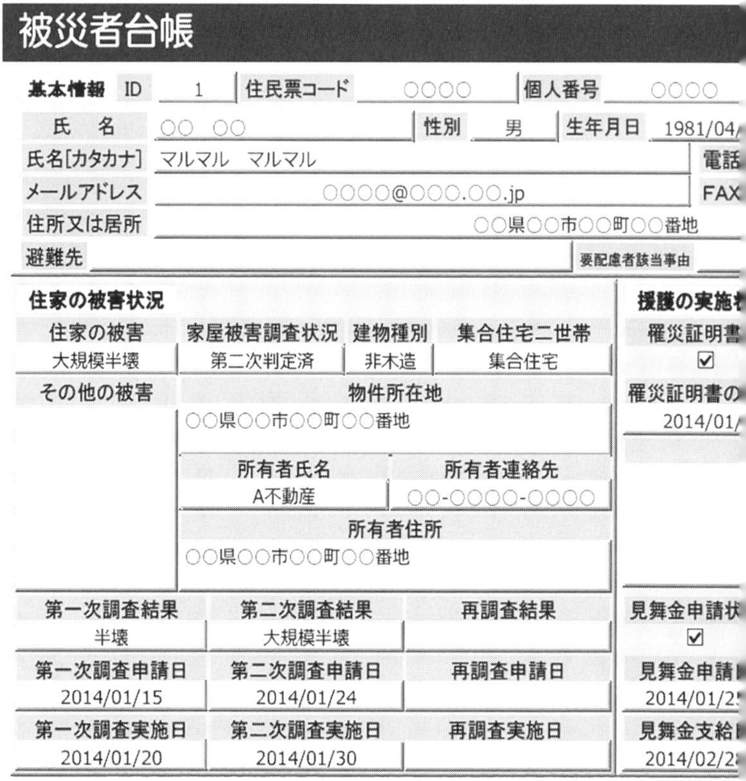
被災者台帳

基本情報 ID 1 住民票コード ○○○○ 個人番号 ○○○○

氏　名 ○○　○○ 性別 男 生年月日 1981/04/

氏名[カタカナ] マルマル　マルマル 電話

メールアドレス ○○○○@○○○.○○.jp FAX

住所又は居所 ○○県○○市○○町○○番地

避難先 要配慮者該当事由

住家の被害状況

住家の被害	家屋被害調査状況	建物種別	集合住宅二世帯
大規模半壊	第二次判定済	非木造	集合住宅

その他の被害

物件所在地 ○○県○○市○○町○○番地

所有者氏名	所有者連絡先
A不動産	○○-○○○○-○○○○

所有者住所 ○○県○○市○○町○○番地

第一次調査結果	第二次調査結果	再調査結果
半壊	大規模半壊	
第一次調査申請日	第二次調査申請日	再調査申請日
2014/01/15	2014/01/24	
第一次調査実施日	第二次調査実施日	再調査実施日
2014/01/20	2014/01/30	

援護の実施

罹災証明書 ☑

罹災証明書の

2014/01/

見舞金申請状 ☑

見舞金申請

2014/01/2

見舞金支給

2014/02/2

アイディアを形にした富岡町の被災者支援管理システムも検討されたが、残念ながら実現していない。

ここまで被災者台帳の中身について説明をしてきたが、データベースは「役に立ってなんぼ」である。災害ケースマネジメントに役立つものなのだろうか。

この点、被災者台帳に記録された情報が行政の管理下にあることから、民間の支援者が共有したり活用したりするには、かなり高いハードルがある。行政保有の情報は、同じ役所の中でさえも、他部署が使用するには根拠が要る。まして、役所の外の民間セクターだと、見ることさえできない可能性が高い。災害ケースマネジメントは、行政だけでなく、NPOなどの支援者や民間の専門家等がかかわって、総がかりで被災者支援を行う仕組みである。この多様な支援

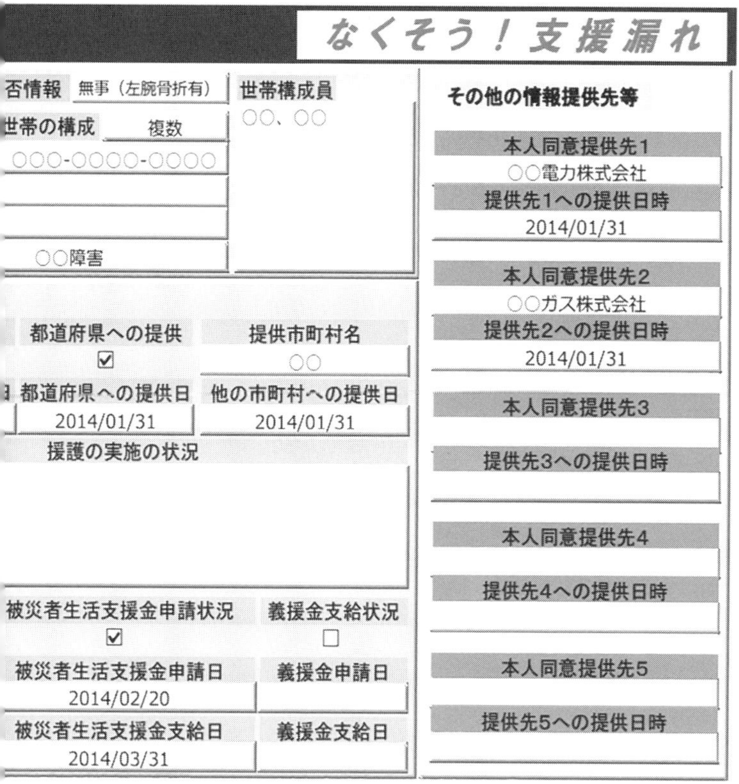
なくそう！支援漏れ

否情報　無事（左腕骨折有）
世帯の構成　複数
○○○-○○○○-○○○○
○○障害

世帯構成員
○○、○○

都道府県への提供 ☑
提供市町村名 ○○
都道府県への提供日 2014/01/31
他の市町村への提供日 2014/01/31
援護の実施の状況

被災者生活支援金申請状況 ☑
義援金支給状況 ☐
被災者生活支援金申請日 2014/02/20
義援金申請日
被災者生活支援金支給日 2014/03/31
義援金支給日

その他の情報提供先等
本人同意提供先1　○○電力株式会社
提供先1への提供日時　2014/01/31
本人同意提供先2　○○ガス株式会社
提供先2への提供日時　2014/01/31
本人同意提供先3
提供先3への提供日時
本人同意提供先4
提供先4への提供日時
本人同意提供先5
提供先5への提供日時

者たちが共同で使用できるものとなるかどうかが重要である。情報を共有できるかどうかは、今のところ被災者本人の「同意」があるかどうかにかかっている。

そして、もう１つのポイントは被災者本人がデータベースの内容を知ることができるかどうかである。理屈の上では、自分自身の情報なのだから当然に知ることができるのだが、現在の運用では、提供を求める台帳情報を特定した面倒な申請手続を行う必要があって、やはりハードルが高い。被災者が、自らの被災情報を客観的に認識して自立的な生活再建を行うツールとして「被災者台帳」は使いにくい。

本人の自立的生活再建のために、また災害ケースマネジメントに役立たせるために、被災者台帳の使い方について、思い切った検討が必要と思われる。

78 「被災者生活再建ノート」という日弁連のアイディア

被災者台帳の最大の弱点は個人情報保護である。たとえ共有すべき強い必要性があっても、行政が第三者に被災者の情報を提供するには躊躇してしまう。だから支援の輪がつながらない。そして、被災者には支援が届かない。個人情報保護の意識が、被災者台帳の効果を半減させ、被災者の人権を危機にさらす結果を招くのである。

もう１つの問題は、被災者自身が自分の被災情報を把握できていないことである。自らの生活再建に最も強い関係を持っているのは他ならぬ被災者自身だが、その前提となる自分の情報を把握できていないのだ。このような状況では「わたし、どうしたらいいの？」と迷うばかりで、先を見通して生活再建することなどできっこない。憲法で保障されている自己決定権など絵に描いた餅になってしまう。

では、どうしたらよいか？

個人情報の厚い壁を打ち破る最大のカギは「本人の同意」である。本人がOKさえすれば、被災者情報を支援者が共有することに何の問題もない。そして、被災者本人が自分自身の大事な情報を手元に置いておけば、「わたし、今、こういう状況なんだね…」と認識でき、中身のある自己決定権も保障される。

こうした必然から生まれたのが「被災者生活再建ノート」である。日本弁護士連合会災害復興支援委員会のメンバーが集まって半年がかりでつくった被災者支援ツールだ。

このノートには、被災した後の生活再建に必要な事項を書き込めるようになっている。ご家族の状況、現在の居所、自宅の壊れ具合、就業状況など、「人の被害」「住まいの被害」「仕事の被害」に分けてチェックしていけば、自分自身でアセスメントを実施することができる。難しいところもあるだろうから、弁護士をはじめ被災地を訪れる支援者にチェックを手伝ってもらっても良い。むしろそうすべきだ。アドバイスを書き残せるよう「カルテ」のページもある。

書き込まれたノートを見れば、被災者は自分自身の被災状況を客観的に把握することができる。支援者はその都度、イチから尋ねなくてもその人の置かれた状況を知ることができる。見せてもらうときに同意をいただけるのだから個人情報保護の壁も存在しない。

ノートは日弁連のHPからダウンロードできる。カスタマイズもOK。西日本豪雨災害では岡山県を中心に広く普及した。さらなる改善を目指している。

＊「日弁連　被災者生活再建ノート」で検索

生活再建ノートの利用

被災者自身が
自分の被害状況を
理解していない場合や、
何からどうしていいか
わからない場合は
少なくありません。
?
生活再建ノートは
チェック形式で答えやすく、
今抱えている問題を
整理できるようになっています。
世帯に１冊ではなく、
一人ひとりに作成することで
家族間での意見の違いも
見えやすくなります。
「カルテ」の部分には、
支援者との相談内容が
記録できるようになっています。
「支援制度の概要」も
収録されており、制度の内容を
確認することもできます。
ノートを被災者の手元に残すことで、
自身で状況を見つめ直すことができます。
また、分野の異なる
支援者間での
情報共有にも役立ちます。
!
問題を明確に把握することで、
今後の人生設計を
より具体的に
考えられるようになります。

79 被災者生活再建ノートの使用方法

生活再建ノートは、3ページにわたる「ノート」部分と、1ページの「カルテ」部分と、「支援制度の概要」の部分の3部構成になっている。それぞれの使い方を簡単に説明しておこう。

まずノートの部分。ここがメインである。被災者の自分自身の被災ダメージや現在の状況などを書きこむ。セルフアセスメントの記録だ。

最初のページに、名前や電話番号、メールアドレスなどの基本的な個人情報のほか、災害前の住所と現住所を書く。この基本情報さえも、個人情報の殻に閉じ込められている。お隣同士でさえも連絡が取れない現代の異常事態を改善したいという思いがある。

同居家族の欄がある。世帯主だけで書くことを前提にしているように見える。しかし、このノートは、できれば世帯に属する一人ひとりが別々に記録してほしい。同じ家族でも、被害の状況は一人ひとり違うし、生活再建に向ける思いは、実はそれぞれ違うからだ。それぞれの違いを認識して、語り合って、そして思いを1つにしていくプロセスが大切なのだ。それを怠って家族がバラバラになってしまったケースを私たちはたくさん見てきた。

就業状況を書く欄は、災害前と現在に分けている。被災後は、働く場所が何度も変わることが多い。欄が足りなければ付箋を付けて追加したらいい。

被害の状況の項目は、大きく「人」と「住まい」と「仕事」の被害に分けている。被害の内容はこれだけにとどまるものではないが、「支援制度」を受けているかどうかをチェックすることを意識して項目を設けている。

「人」の欄についていうと、家族が亡くなった場合の災害弔慰金の支給の有無と、障害を負った場合の災害障害見舞金の有無をチェックすることになっている。

「住まい」の欄では、具体的な被害状況を書き込んだ上で、り災証明書はどうなっているか、応急仮設住宅の入居申し込みの有無、基礎支援金や保険金の有

被災者生活再建ノート ①

フリガナ		性別	生年月日	年齢	電話	
お名前（世帯主）			年　月　日	歳	メールアドレス	
災害前の住所					□持ち家　□親族宅　□借家 □その他（　　　　）	
現住所	□災害前と同じ				□持ち家　□親族宅　□借家 □仮設住宅　□借上住宅　□災害公営住宅 □その他（　　　　）	

同居家族	災害前			現在			
	お名前	続柄	職業	お名前	続柄	職業	年齢

就業状況	災害前		現在	
	職業	勤務先	職業	勤務先
	□正社員　□非正規・パート □自営業　□会社経営　□家事従事者 □求職中　□無職　□その他		□正社員　□非正規・パート □自営業　□会社経営　□家事従事者 □求職中　□無職　□その他	

被害の状況

人の被害

被害の内容					確認・検討すべきこと
□家族が亡くなった	亡くなった方のお名前	続柄	死亡時期	死因	→○災害弔慰金（最大500万円） ※詳しくは9頁 □受給した→（　　　　円） □申請したが不支給だった
□障害を負った	障害の内容	受傷時期	受傷の原因		→○災害障害見舞金（最大250万円） ※詳しくは9頁 □受給した→（　　　　円） □申請したが不支給だった

住まいの被害

被害の内容	確認・検討すべきこと
□住んでいる家の被害を受けた → 具体的な被害　例）1階天井まで浸水した、外壁が崩れた トイレが使えなくなった、2日間停電した 等 応急危険度判定について　※詳しくは8頁	→○り災証明書　※詳しくは10頁 □全壊　□大規模半壊　□半壊 □一部損壊　□損壊なし □その他（　　　　） →○応急仮設住宅　※詳しくは11頁 □入居申込をした →○基礎支援金（最大100万円）　※詳しくは12頁 □受給した→受給額（　　　　円） □申請したが不支給だった →○保険金（共済金）　※損害保険の損壊判定 11頁 □火災保険　□地震保険　□生命保険 □家財保険　□その他（　　　　） □加入していない

仕事の被害

被害の内容	確認・検討すべきこと
□仕事を失った	
□勤務先が倒産し、解雇された →	○未払賃金立替払制度　□受給した ○失業給付　□受給した
□勤務先は存続しているが、解雇された →	○失業給付　□受給した
□怪我等のため働けなくなった →	○労災給付　□受給した
□廃業した　□その他（　　　　）	

無などをチェックすることになっている。
「仕事」については、失業給付や労災給付など、仕事に及んだ影響の内容に応じて支援制度をチェックするようになっている。

2ページ目には、生活再建に向けた悩みを書くことになっている。「悩みごとはないですか？」と尋ねられると、条件反射のように「特にないです」と答えてしまう人が多い。悩みごとを客観的に言い表すこと自体がなかなか難しいのだ。そこで、このノートでは、チェック方式で困りごとを整理する形にしてある。
「お金の悩み」の項目は、災害前の負債に着目して「借金が残っている」かどうかという過去の問題と、これからの生活再建に向けて「お金を借りたいか」という未来の問題に分けている。過去の借金については被災ローン減免制度を利用するかどうか、未来の借入れについては公的貸付制度を利用するかどうかをチェックする欄を設けている。
「住まいの悩み」の項目は、最終的な住まいの方向性についてひとまず4つの選択肢を挙げて考えられるように整理してみた。「既存の住宅の補修」と「新居の再建・購入」「民間賃貸住宅」「災害公営住宅」の4つである。それぞれの選択肢を選んだときに利用できる制度がピックアップされている。補修であれば、災害救助法の応急修理を利用したかどうか、被災者生活再建支援金（加算支援金）をもらったかどうか、災害復興住宅融資（高齢者であれば災害リバースモーゲージなど。38項）を利用したかどうかをチェックする。新居の再建・購入であれば、これに加えて、土地の確保の方法や、自治体の補助金の利用も含めてチェックする方式だ。賃貸の場合、民間賃貸住宅であれば加算支援金がもらえるが、災害公営住宅の場合にはもらえないということも、ここでチェックしておきたい。
「仕事の悩み」の項目は、自営業の方を想定しているが、グループ補助金や、政府系金融機関の災害復旧貸付の利用の有無をチェックすることになっている。
被災したときに、本来であれば受けられるはずの公的支援をちゃんと受けているかどうかを自ら確認できるようにするためのページである。災害支援制度

被災者生活再建ノート ②

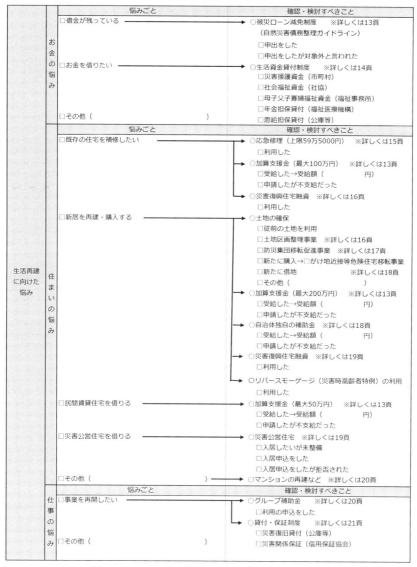

生活再建に向けた悩み		悩みごと	確認・検討すべきこと
	お金の悩み	□借金が残っている	○被災ローン減免制度　※詳しくは13頁 （自然災害債務整理ガイドライン） □申出をした □申出をしたが対象外と言われた
		□お金を借りたい	○生活資金貸付制度　※詳しくは14頁 □災害援護資金（市町村） □社会福祉資金（社協） □母子父子寡婦福祉資金（福祉事務所） □年金担保貸付（福祉医療機構） □恩給担保貸付（公庫等）
		□その他（　　　　　　　）	
	住まいの悩み	□既存の住宅を補修したい	○応急修理（上限59万5000円）　※詳しくは15頁 □利用した ○加算支援金（最大100万円）　※詳しくは13頁 □受給した→受給額（　　　　円） □申請したが不支給だった ○災害復興住宅融資　※詳しくは16頁 □利用した
		□新居を再建・購入する	○土地の確保 □従前の土地を利用 □土地区画整理事業　※詳しくは16頁 □防災集団移転促進事業　※詳しくは17頁 □新たに購入→□がけ地近接等危険住宅移転事業 □新たに借地　※詳しくは18頁 □その他（　　　　　　　） ○加算支援金（最大200万円）　※詳しくは13頁 □受給した→受給額（　　　　円） □申請したが不支給だった ○自治体独自の補助金　※詳しくは18頁 □受給した→受給額（　　　　円） □申請したが不支給だった ○災害復興住宅融資　※詳しくは19頁 □利用した ○リバースモーゲージ（災害時高齢者特例）の利用 □利用した
		□民間賃貸住宅を借りる	○加算支援金（最大50万円）　※詳しくは13頁 □受給した→受給額（　　　　円） □申請したが不支給だった
		□災害公営住宅を借りる	○災害公営住宅　※詳しくは19頁 □入居したいが未整備 □入居申込をした □入居申込をしたが拒否された
		□その他（　　　　　　　）	○マンションの再建など　※詳しくは20頁
	仕事の悩み	□事業を再開したい	○グループ補助金　※詳しくは20頁 □利用の申込をした ○貸付・保証制度　※詳しくは21頁 □災害復旧貸付（公庫等） □災害関係保証（信用保証協会）
		□その他（　　　　　　　）	

の多くは申請主義なので、被災者自身が気付かなかったり、動かなかったりすると漏れ落ちが生じてしまう。それを無くすためのセルフチェックの欄なのだ。

しかし、制度の意味もわからない場合はチェックのしようがない。そういうときは、後半に用意した「支援制度の概要」の欄を利用していただきたい。できる限りわかりやすく、短く制度のポイントを説明している。支援制度チェックリストと合わせて活用して欲しいところだ。

そして、3ページ目には、自由記載欄を中心とした「その他の悩みごと」の欄を設けている。一人ひとりが抱える悩みごと、困りごとは、一人ひとりの指紋が違うのと同じように、1つとして同じものはない。2ページ目の悩みごとの欄は支援制度のチェックに重きを置いたページだったが、3ページ目の悩みごとの欄は一人ひとりの実情に重きを置いている。

何を書いたらいいかわからないといけないので、イメージしやすいように、「健康・医療」「日常生活」「地域・交友関係」「経済面」「支援の希望」「その他」と項目を設けた。

それぞれの項目にはいくつか例が挙げてある。それぞれに意味がある。たとえば「健康・医療」の欄には、「夜眠れない」とあるのは災害によるトラウマや精神的に追い詰められていないかをたしかめ、心のケアにつなげる必要がないかを意識している。「飲酒量が増えた」という男性には孤独死のリスクがある。「薬を規則正しく飲めない」とか「病院に通えない」という方には福祉制度の利用可能性を模索する必要がある。「日常生活」の欄に「歯磨きがきちんとできない」とか「掃除が行き届いていない」とか「趣味がなくなった」という方は、一見すると日常生活に対する支援ニーズを語っているように見えて、実は精神的な落ち込みの兆候かもしれないということがある。これらの「例」は、一人ひとりが背負っている課題を浮き彫りにする糸口なのだ。

それぞれの悩みごとは、時期によって、状況によって異なる。ニーズは時とともに変遷するのだ。そこに留意して「悩みごとを書いた日付もご記入ください」としている。あとで振り返ってみたとき、被災地における復旧・復興のフェーズの課題と、一人ひとりの被災者の悩みごとがずれていないかどうかも

被災者生活再建ノート ③

その他の悩みごと（自由にご記入ください）　※悩みごと書いた日付もご記入ください		
健康・医療について	（例） ・夜眠れない ・飲酒量が増えた ・持病の具合が悪い ・薬を規則正しく飲めない ・病院に通えない	
日常生活について	（例） ・食事が非常食ばかり ・水分を控えている ・歯磨きがきちんとできない ・掃除が行き届いていない ・趣味がなくなった	
地域・交友関係について	（例） ・隣人とのトラブル ・悩みを相談できる人がいない ・家族と連絡がつかない	
経済面について	（例） ・収入が途絶えている ・家具を買うお金がない ・自宅の再建資金がない	
支援の希望について	（例） ・支援物資に偏りがある ・支援の情報が来ない ・支援制度を利用したいが内容や窓口がわからない ・もっと頻繁に訪問してほしい	
その他	どんなことでも自由に記載してください	

チェックポイントだ。

このように悩みごとが上手に整理できれば、解決への道のりの折り返し点まで来たようなものだ。整理をすること自体が難しい。被災者にとっては、自らの辛い被害や過酷な現状に向き合うことそのものがハードルの高いタスクである。災害が起きる前の平時だって、自分自身の状況を客観視して、自らの課題を抽出する作業には、確たる動機と相当のエネルギーを要する。だから、このノートに実際に書き込む人間は、被災者ではなく「支援者」が望ましい。

支援者が、このノートをアイテムにして、被災者の現状をヒアリングし、それを記録し、問題点をチェックしながら、被災者自身に現状を認識してもらう。支援制度の利用の漏れ落ちがあれば、支援の中身を説明し（「支援制度の概要」の欄を利用）、申請につないでいく。そして、このノートをご本人のところに残しておくことが最大のポイントだ。支援者は、本人の同意を得て、記録内容を見せてもらい、写真で記録して支援団体で共有することを予定している。被災者は、手元にあるセルフアセスメントの結果をちゃぶ台の上に広げて、自らの状況をよく見つめ直し、これからの生活再建に向けた人生再設計を考えてもらいたい。支援者は、同意を得て入手した被災者の切実な状況を記録した情報に基づいて、何が課題なのか、何ができるか、何をすべきかを、しっかり考えてもらいたい。そんな思いを込めている。

80 被災者生活再建カルテの使用方法

「被災者生活再建カルテ」は、12個の同じシートが並べてある。

「訪問日」「応対者」「訪問者」といった基本事項につき、訪問者の属性として弁護士や福祉職員などが例示されている。このシートは、セルフチェックを建前とする「ノート」と違って、「被災者」と「支援者」の対話を記録化するツールなのである。

被災者の下にはさまざまな支援者が訪れる。復興まちづくりにかかわる行政関係者、福祉関係者、災害ボランティア、医療関係者、保健関係者といった心身や健康にかかわる専門家、保険、金融、協同組合といった生活や家計の関係者、弁護士や行政書士など支援制度の助言者など、それこそ平時では考えられない多様な視点でアドバイスが展開される。

被災者は、それらをすべて理解し、消化して血肉にして、生活再建に生かしているかというと、そうではない。むしろ、断片的な記憶しか残らず、あるいは誤解をして、生活再建に支障が生じることもあるだろう。

「相談事項」の欄に、何の相談をしたのか「被害」「現在の生活」「生活再建」「その他」を明確にし、「相談概要」と「助言内容」を書き残すことにしている。これで、被災者の手元には、対話によって得られた貴重な情報や助言が、「カタチ」としてしっかり残ることになる。訪問時にはピンと来なかったアドバイスも、時間が経ってフェーズが進んだときに「なるほど！」と理解できることになる。

もう１つの仕掛けは、このカルテを、被災者の手元に残しておくという点にある。次に訪れた支援者は、前の支援者の助言内容を知ることができるのだ。いつ誰が来て、どんな困りごとについて、何を助言したかを認識した上で、あらためて助言をすることになる。

たとえば、最初に医療関係者が訪問してこれからの生活上の健康について助

被災者生活再建カルテ

このカルテは、専門家等への相談の履歴を記録して次の相談を円滑に実施するとともに、相談者が助言内容を後で確認できるようにするためのものです。

1	訪問日	年　月　日	訪問者	氏名		属性	□弁護士　□福祉職員 □その他（　　）
	応対者			所属・連絡先			
	相談事項	被害について	□人の被害　□住まいの被害　□仕事の被害				
		現在の生活について	□健康・医療　□日常生活　□地域・交友関係　□経済面　□支援の希望				
		生活再建に向けて	□被災ローン　□その他経済面　□住まい　□仕事				
		その他	□支援制度　□その他（　　）				
	相談概要						
	助言内容						
	対応区分	□相談のみで終了　□相談継続（次回相談予定：　　） □専門家紹介（紹介先：　　） □行政窓口紹介（紹介先：　　） □その他（　　）					

言し、しばらく経って災害ボランティアが訪問して生活上の不安について本音を聞き出して記録する。その後に訪れた福祉職員が不安に対する行政の仕組みを教示して、次に訪れた弁護士が手続き上の支障をクリアする方法を助言するという感じである。これで４枚のカルテが被災者の手元に残ることになる。

流れを振り返ってみると、健康上の安心があるから生活上の課題の整理ができるわけだし、上手に本音を聞き出しているからこそ的確な制度の情報を提供でき、制度の基礎的な理解があるからこそその人の固有の課題が明確になって対処もできるのである。つまり、被災者をハブにして、医師、ボランティア、行政、弁護士が、つながり合い、支援の輪をつないでいることになるのである。

あるいは、災害から間もない時期に支援に訪れた弁護士が、「被災者生活再建支援法で最大300万円が支給される」と情報提供し、しばらく経った段階で訪れた別の弁護士は、「補修をする場合には応急修理の制度も使えるが、それを使うと仮設住宅に入れなくなる恐れがある」と助言し、それも踏まえて補修を決断した被災者に、さらに別の弁護士が訪問して、「災害リバースモーゲージの仕組みがある」と助言する、といったケースも考えられる。

第１段階では被災者に希望を供与し､第２段階では被災者に注意を呼び掛け、第３段階では被災者に役立つ具体的制度の説明をする。こうした復興フェーズに適合したタイミングの良い助言が実現できるのもカルテの強みだ。何人ものさまざまな支援者が、カルテを通じて、あたかも継続して寄り添ったのと同じように支援ができる。まさに総合病院のカルテと同じ機能を期待している。

被災者生活再建カルテは、相談担当者が変更になっても、従前の相談内容や行ったアドバイスが引き継がれ、その軌跡こそが被災者の生活再建の小歴史であって、生活再建の道筋を描く手助けとなる。

81 被災者支援チェックリスト／被災者生活再建カード

被災者支援制度はしっかり頭に叩き込んでおきたいが、支援メニューはたくさんあって、全体を覚えることなど不可能である。知識は大事な災害の備えだが、思い出せなかったら無いのと同じ。では、災害に遭ったときにすぐに支援制度を思い出すにはどうしたらいいだろう。

そんなとき、便利なアイテムが「被災者支援チェックリスト」だ。「被災者支援チェックリスト」で検索すると永野海弁護士のページがヒットし、「被災者支援チェックリスト」がプリントできる。A4サイズでプリントアウトして点線に沿って折りたたむとポケットサイズのチェックリストが出来上がる。

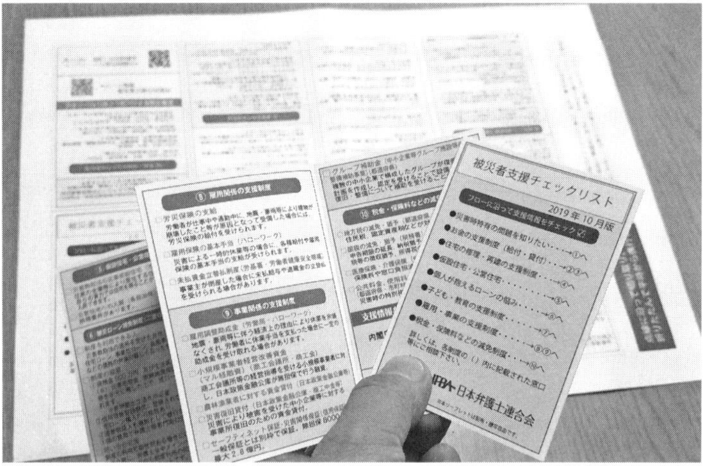

被災者支援チェックリストの用紙と、名刺大に折りたたんだ完成版

それぞれの課題に沿って支援制度の位置づけが理解できる。項目は、全部で10に分かれている。

①災害時特有の問題を知りたい

②お金がもらえる支援制度

③お金を借りられる支援制度

④住宅の修理・再建の支援制度

⑤仮設住宅・公営住宅
⑥個人が抱えるローンの悩み
⑦子ども・教育の支援制度
⑧雇用に関する支援制度
⑨事業に関する支援制度
⑩税金、保険料などの減免制度

チェックリストの実物を本書末尾につけている。現時点での最新版である(2019年10月版)。ご利用いただきたい。

被災者生活再建カード

カードを使って上手に生活再建！
-具体的な被災者(住宅被害、資産、収入など)を想定し、使えるカードを議論しよう-
・赤色のカードは利用に資力(収入)条件がある制度です
・白紙のカードには、最終的な住居やその他の支援を自由に書きましょう
2019.11版
災害直後
避難所
数日から数か月(閉鎖まで数年に及ぶことも)
ボランティア・専門家の支援
片付け・土砂撤去・支援制度の説明など様々な困りごとで
応急修理制度(補助)
半壊・大規模半壊 59万5000円
準半壊 30万円
使うと仮設住宅不可
修理完了前に申請
基礎支援金(被災者生活再建支援法)
全壊 100万
大規模半壊 50万
半壊で解体100万
長期避難 100万
単身は金額4分の3
火災・地震保険・共済
地震保険は火災保険の50%が契約金額の上限
地震保険なら津波、噴火も対象
数か月後
仮設住宅
原則2年以内(それより短いことも延長も)
家賃不要。半壊でも入居可能性あり
義援金
家族の死亡・住家被害の程度等に応じ支給
金額は災害ごとに異なる
自治体独自の追加支援
全壊での加算支援や、半壊、一部損壊などでの支援金や補助など
HPや報道をチェック
災害弔慰金
家族の死亡時500万円給付
ただし非生計維持者の死亡は250万円
災害援護資金貸付
世帯主の1か月以上の負傷、家財の損害、住家被害に応じて最大350万円の貸付
雑損控除(災害減免法)
建物・家財・車・墓地などの被害、災害関連支出について税金の減免
その後
公費解体
半壊以上の家屋や一部事業所を無償で解体・撤去
解体か修理かは慎重に検討を
加算支援金(被災者生活再建支援法)
建設・購入 200万
修理 100万
民間賃借 50万
単身は金額4分の3
被災ローン減免制度
住宅、事業、教育のローンなど個人の債務を減免
500万＋支援金などは手元に残せる
再度借入も可能性
リバースモーゲージ貸付
60歳以上で、罹災証明が必要。不動産を担保に修理・建替・購入資金を借入。利息のみの返済でOK
別の場所の中古住宅購入も可能
災害復興住宅融資(建設・購入・補修)
建設・購入は全壊、補修は一部損壊以上が条件
補修以外は不動産に第1順位の抵当権を設定
災害公営住宅
収入に応じて家賃が変わる
当初数年は家賃の被災者特例あり
＊各制度の適用や利用条件は災害ごと、又は法改正等により異なる場合がありますので災害後に確認してください。 この被災者生活再建カードについては mail@naganokai.com まで
被災者生活再建カード © 2019 Kai Nagano

チェックリストが備忘録アイテムだとすると、学習アイテムの決定版が「被災者生活再建カード」である。被災者支援のカードを用意して、具体的な被災者(家族)を想定する。たとえば「一人暮らしの高齢者で、貯金は500万円、自宅が半壊」といったケースで、その人になったつもりで、どのカード(制度)を使ったら生活再建できるか考えるボードゲームだ。

とてもわかりやすく真剣に災害制度を学べると大好評。個々の災害制度の隠れた弱点がよく見えてくるというのも一つの狙いだ。

被災時には、一人ひとりの生活再建のシミュレーションにも利用できる。自分自身の被災状況に合わせて、どの制度を使って生活再建すべきかをカードを並べて検討する。その結果を、「被災者生活再建ノート」の末尾に貼り付けて保存することもできる。

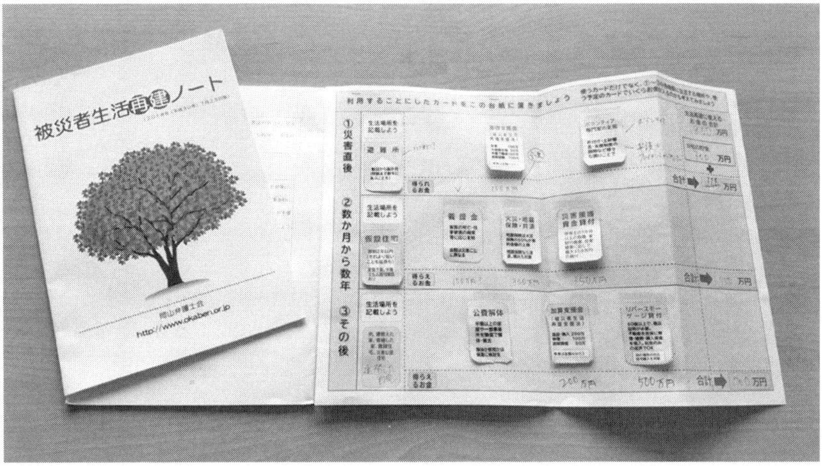

被災者生活再建カードで生活再建をシミュレーションしたものを、被災者生活再建ノートに貼り付けて保存する

被災者生活再建カードも永野海弁護士のホームページからダウンロードできる。

永野弁護士は著作権フリーで「配布・謄写自由です」と、広く普及することを望んでいる。一人ひとりの命を救いたいからだと思いを語る。制度の内容の変更に対応して、チェックリストやカードの内容も更新される。ときどき新しいものに差し替えよう。

第4章

被災者が主人公となる生活再建

被災者が主体となるために

82 新しい民主主義社会の主人公は被災者

災害ケースマネジメントは、ひとつの「方法」に過ぎない。それを一人ひとりの被災者の生活再建に役立てることができるか、あるいは仮設からの追い出しの道具に成り下がるのか、それは正しい使い方ができるかどうかにかかっている。制度は単なる枠組みに過ぎない。どんな色付けをするかは、魂の込め方次第なのだ。

災害ケースマネジメントは被災者のために存在する。だから、それを最も深く認識すべきは、本来、被災者自身であるはずだ。被災者が自らのために声を上げられるよう、環境整備することに心を砕かなければならない。

しかし、災害対策基本法では被災者を援護の客体として位置付けている。災害救助法も同様である。行政が行う施策は「措置」という上から目線の恩恵なのだ。

ひと昔前の福祉施策もそうだった。ただ、福祉の分野では「措置」から「契約」に、「援護」から「サービス」に変わった。それは、人が「客体」から「主体」に変わったことを意味している。

災害の分野でも、被災者は「客体」から「主体」に変わらなければならない。それが災害ケースマネジメントの成否を分けるカギだ。災害復興基本法案（39項）は、被災者主権を柱としている。国民主権の国なのだから当たり前なのだが、被災者が主人公に躍り出ないといけない。

災害復興は被災地が主体となって進められるべきで、復興方針は被災地自身が決定すべきである。ところが、現実には国の交付金や補助に頼らざるを得ず、国が方向性を示さなければ方針が決められないという自治体があるのも、残念ながら現実だ。

次の文章は、戦後に文部省がつくった「あたらしい憲法のはなし」の中の、地方自治に関する一節である。

「国は国民のあつまりで、国民のひとりひとりがよくならなければ、国はよくなりません。それと同じように、日本の国は、たくさんの地方に分かれていますが、その地方が、それぞれさかえてゆかなければ、国はさかえてゆきません。そのためには、地方が、それぞれじぶんでじぶんのことを治めてゆくのが、いちばんよいのです。なぜならば、地方には、その地方のいろいろな事情があり、その地方に住んでいる人が、いちばんよくこれを知っているからです」

災害の被災地にピッタリである。地域復興の方針を決めるには、その被災地のことを最もよく知っている人が、自ら治めていくのが一番よく、そのためには一人ひとりの被災者が生活再建を果たし、復興に取り組むことが大事で、それが国を良くする秘訣なのだ。

憲法は、日本がどん底に落ちたときに将来への理想を描き、方向性を明記したスローガンだ。その希望は民主主義に託されている。大災害の被災地も同じだ。大切なものにダメージを受け、どん底に落ちた被災者たちが、未来に向けて付託するのが復興方針である。まさに民主主義に光を当てるべき場面ではないか。

災害ケースマネジメントは、一人ひとりの被災者が主人公の意識をもって前を向き、復興に自律的に取り組めるよう、生活再建を果たし、その人権を回復するために活用すべきツールでなければならない。

83 相談すること、声を出すこと、声を聴くこと

私たちが避難所に行って「何かお困りごとはありませんか？」と尋ねると、たいてい「いえ大丈夫です。よくしてもらってますから」などと答えが返ってくる。日本人の遠慮文化によるものだろうか。あるいは「私よりも、あのおばあさんの方がたいへんですから」と相談需要を他に転嫁することもある。これは気の毒さの比べっこをしているのと同じなのである。しかし、少し突っ込んで話し掛けてみると「ご相談するのも恥ずかしいのですが…」と前置きして心の重荷を打ち明けてくれる。実は、被災者は困りごとを自分一人だけの特殊な悩みごとと捉えているのだ。

しかし、被災者の抱える問題の多くは共通している。たとえば、家の修理の件であったり、被災ローンのことであったり、原発避難者の生活不安のことであったり、一人ひとりの被災者にとっては私的な事柄だが、支援をする側からすれば類型化できる共通課題だ。被災者の相談ごとは極めてパブリックな問題提起なのである。

こうした被災者の声は、新たな制度提案につながる立法事実でもある。東日本大震災のときには、「自宅を購入して3時間後に津波で流され、ローンだけが残ってしまいました」という相談が寄せられた。法律上はやむを得ないが、誰

福島県の避難所「ビッグパレットふくしま」の様子（天野和彦氏提供）

が見ても不合理だ。そうした被災者の声が数多く寄せられ、その立法事実がきっかけになって被災ローン減免制度（43項）という新しい制度がつくられたという経緯もある。災害ケースマネジメントを遂行する際に、個別事案の解決策のキーを探り出す作業と同時に、共通課題を収集する作業を進めていくことがポイントになる。共通課題は、被災者側に原因があるのではなく、制度や仕組みの不備をあぶり出すものと言えるからだ。

だから、被災者には、遠慮なく困りごとを話してもらう必要がある。相談時に的確な立法課題を引き出すことは、支援者側の経験に依るところも大きいが、無理をしないでもいい。それ以上に大切なのは被災者自身に声を上げる重要性を理解してもらうことである。被災者自身が、自ら進んで語り、解決を公に訴えることこそが、被災者の責任だということである。

被災者自身にその責任を全うしてもらうには、次の４点が大切である。

第１に、支援者との信頼関係をきちんと構築すること

第２に、遠慮なく語れる相談環境を整えること

第３に、自らが語ることによって改善につながるという期待を損なわないようにすること

第４に、相談内容を客観化して確認できるプロセスを用意すること

それが、「支援者が声を聴く」という意味である。

こうしてみると、災害時であっても平時であっても同じことであることがわかる。こちらが相手の尊厳を大事にして接することで、相手方の心も開かれていくのであり、一人ひとりに災害ケースマネジメントを実施することが、パブリックな問題提起につながる道筋でもある、ということなのだ。

84 災害と子どもたち

災害は子どもにとって大きなインシデントだ。心や身体に直接インパクトを与えるだけでなく、家族の死や失業で生育環境を激変させ、あるいは友人とのつながりや学校など教育の場を奪う。東日本大震災当時小学5年生だった3人の子どもたちが、『16歳の語り部』(ポプラ社、2016年)という本の中で、赤裸々な思いを語っている。

避難所で配給される物資を大人たちが群がって取り合う姿を目の当たりにした現実。「震災の話はしないようにしましょう。みんな前を向いて頑張りましょう」と先生に言われて心に封印をしてきた経過。生徒の誰もがイラついて日々どんどん荒れていくクラスの有様。親友が亡くなった現実が受け入れられず、自分の生きる価値を否定し「死にたい」と願った日々。子どもを特別扱いせず対等な「ひとりの人間」としてきちんと事実を話してほしかったという思いなど。大人たちが想像するよりもずっと、子どもたちが受けた災害の衝撃は深刻で、影響は多様で、思考は現実的だ。

その一方、彼らは話すことによって楽になったと語る。「自分たちの体験を伝えることが、他の誰かを助けることになる」という考えで語り部になった少年。そして、実際の人と人の生のかかわりを大切にすることの意義を強調し、「ちゃんと気にかけてもらえている」「見てもらえている」ということや「子どもを信じてほしい」という願いを語る少女。「私たちは、苦しくても生きて行かなきゃいけない」という彼女らの決意は、どんな災害の場面でも当てはまる真実だと思う。

災害は平時のトレンドを加速する。身体が弱ると持病が悪化するのと同じである。子どもをめぐる問題の中で、災害ケースマネジメントに親和性のある社会的課題が「子どもの貧困」である。日本の7人に1人の子どもが貧困状態にある。具体的にいうと、親子2人世帯で月額約14万円以下の所得の家庭が約14%にのぼるという相対的貧困の現実を意味している(2015年度調査結果)。子どもたちは教育や体験の機会に恵まれず、貧困が世代的に連鎖していく。この子どもの貧困も災害は無関係ではない。

低所得世帯の子どもの声を調査したところ、「学校に行かなかった時期があった」「自分には安心して過ごせる居場所がないと感じたことがある」「自殺しようと思ったことがある」との声があった（公益社団法人チャンス・フォー・チルドレンの調査結果より）。宮城県では、小・中学校の震災後のいじめ認知件数、不登校件数は顕著に増加していた。災害のダメージで傷ついた子どもの心理が浮き彫りになった。

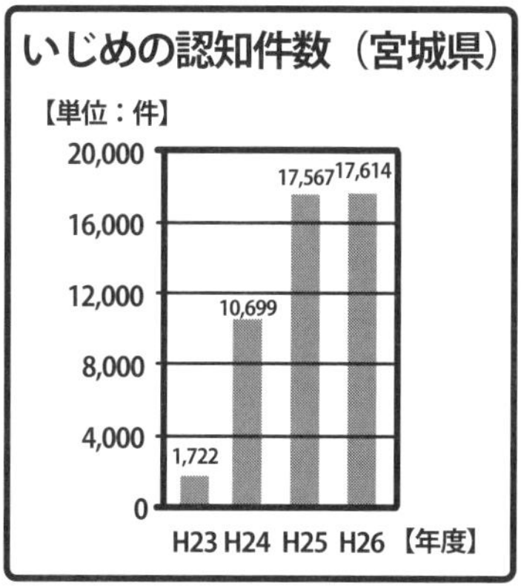

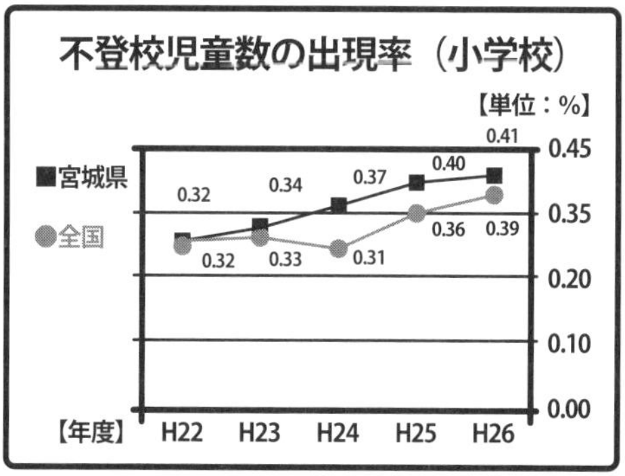

「児童生徒の問題行動・不登校等生徒指導上の諸課題に関する調査」（宮城県分）を基に筆者作成

被災地の校長先生へのアンケート結果でも、「家計的に苦しい児童・生徒が増えている」が最多の課題で、仮設住宅暮らしなど住宅事情の劣悪さから「家庭学習の場を確保できない」が約５割、「家庭内の問題で精神的ストレスを抱える」が約４割という回答だった。新潟県中越地震７年後の調査でも「夫婦関係と子どものメンタルヘルスとは関連がある」という結果が出ていて、震災による父親の失業や転職がきっかけで夫婦が不仲となり、やがて家庭崩壊をも引き起こすという負の連鎖も浮き彫りになっている。

子どもにあらわれた現象は、災害のダメージを克明に映し出している。多大な喪失体験が結晶としてあらわれたものだ。

子どもに対する支援は、家庭の存在も視野に入れて長期的視野で取り組むことが求められる。子どもへの教育支援などの民間活動が注目されているが、先

駆的なNPOは家族の抱える課題にもかかわるなど災害ケースマネジメント的な取り組みをしている。

たとえば、石巻市に本拠を持つ特定非営利活動法人TEDICは、経済的困窮、虐待、ネグレクト、障害、不登校、ひきこもりなどさまざまな困難に身を置かれる子どもや若者に伴走する個別支援に取り組んでいる。同様の取り組みにチャレンジしている団体は少なくない。社会全体で応援すべきだ。

そして、支援の現場で忘れてならないことは、一人ひとりの子どもを一人の人間として尊重すること、憲法13条の「個人の尊厳」が子どもにも保障されているということだ。

85 個別避難計画と災害時ケアプラン

本書は、災害が起きた後の「災害ケースマネジメント」に的を絞っている。ただ、災害ケースマネジメントが制度化されたとしても、南海トラフ巨大地震の備えとして十分かというと正直不安が残る。来るべき大災害に備え、現在、各地で展開されつつあるのが、一人ひとりの実情に応じた個別避難計画づくりである。国は、東日本大震災の教訓を踏まえて、市町村に災害時要援護者の個別計画をつくるよう求めている。

高知県黒潮町は、最大クラスの南海トラフ地震で、津波到達8分・最大津波高34mとの想定が発表されて、一時は「避難しても無駄だ」とあきらめムードに包まれた。しかし、町は「犠牲者ゼロ」を目標に立て、その対策の柱として「個別津波避難カルテづくり」を始めた。

まず全住民の避難行動調査を実施した。「世帯別津波行動記入シート」を配布して、一人ひとりの避難行動を考えてもらった。続いて浸水が予想される40集落で懇談会を開催して課題を整理した。それを踏まえて、戸別に津波避難カルテづくりに取り組み、町は対象全世帯3,791世帯分のカルテを収集した。

町は、住民が自分ごととして捉えてもらうことを期待して地区防災計画の策定を促している。自らの命と地域を守るための手作り感と熱意のあふれる取り組みだ。

また、2015年9月の鬼怒川決壊の被災地となった常総市では「マイ・タイムライン」の取り組みが進められている。マイ・タイムラインとは、住民一人ひとりのタイムラインという意味だ。鬼怒川・小貝川の氾濫が予想される地域で、自分自身がとるべき標準的な防災行動を時系列的に整理し、とりまとめる。そのアイテムとして「マイ・タイムラインノート」が用意されている。

住民一人ひとりが、知るべき情報や、検討会などで得られた気付き、そして自分自身が考えたこと等を書き込み、洪水発生時にとるべき防災行動をノートに整理する。ノートが出来上がるとそれがその人のための避難計画となる。いわば「自分の逃げ方」を手に入れる取り組みだ。

市が目指す目標は「逃げ遅れゼロ」である。

こうした一人ひとりに合わせた個別避難計画はとても有効で、内閣府（防災担当）も力を入れている。ところが、法的には市町村に作成義務がなく、また、個人情報保護が壁になってなかなか進まないのが実情だ。「防災」の力では突破口を開くことさえままならない。

そんな中、「福祉」の現場の力が推進力となりつつある。高齢者や障害者など災害時要援護者に寄り添った福祉の視点からの避難計画「災害時ケアプラン」が注目されている。

大分県別府市では、2016年より県社会福祉協議会元職員で同市の防災推進専門員の村野淳子さんを中心に、一人ひとりの高齢者や障害者に合わせた避難支援計画を作成する取り組みを始めた。

ケアマネージャーは、本人の事情をよく知った上で介護保険サービスのケアプランをつくっている。その延長線上で「災害時ケアプラン」をつくるのである。平時のケアプランも災害時ケアプランも本質は同じという発想だ。本人をよく知るケアマネージャーなら、本人に見合った所持品、避難所までの行程、避難に必要なサポート人数などを想定することができる。プランづくりには、本人もかかわる。自主防災組織のメンバーや地域住民が参加する調整会議も開く。

そして、プランに基づいて避難訓練を行って検証してみる。日常の地域福祉と防災をつなげる試みだ。一人ひとり丁寧に寄り添いながら作成しており、実際に作成された災害時ケアプランは2019年６月までに44人分にのぼるという。

兵庫県でも同様の取り組みが始まっている。2018年より「防災と福祉の連携促進事業」として、一般社団法人兵庫県社会福祉士会が県から事業を受託し、播磨町や篠山市をはじめとする37市町で「個別支援計画」（マイプラン）の作成にチャレンジしている。

地域でワークショップを繰り返し、問題意識の醸成に努めているところだ。

キーワードは「誰ひとり取り残さない」ということで、一連の取り組みには「福祉専門職が災害時に何ができるか」という使命感を強く感じる。

これら注目すべき取り組みから浮かび上がるポイントは、一人ひとりの普段の生活行動に着目すべきこと、日常の地域・福祉と連携を図ること、そして「誰ひとり取り残さない」という意気込みである。災害ケースマネジメントの考え方とぴったり重なる。

徳島県では、南海トラフ地震に備えて「事前復興」という興味深い取り組みを検討している。災害が起きる前から、被災した後の地域復興や生活再建を視野に入れて準備をしようということである。徳島大学の井若和久氏は、自ら美波町に移り住み、「事前復興」の実践と人口減少等の地域課題の解決に取り組んでいる。この「事前復興」の発想を取り入れ、一人ひとりの生活者の視点に結び付けて

日常生活←→被害←→生活再建

という流れで災害を捉えることができれば、災害ケースマネジメントは力強い防災の備えになり得る。

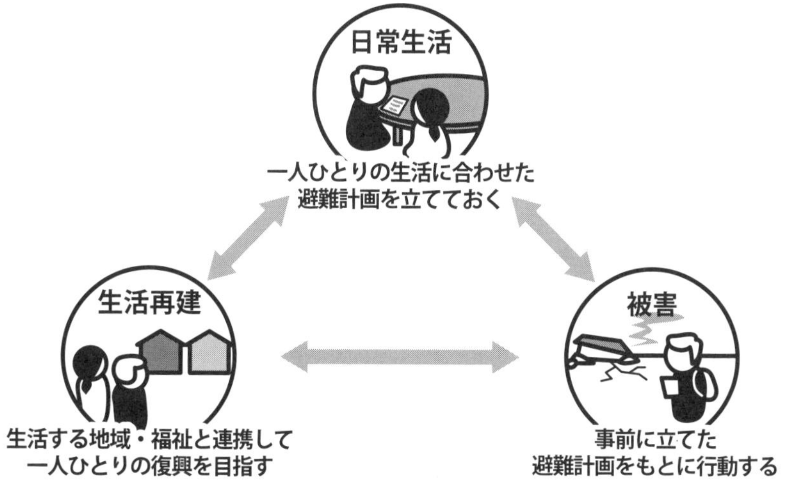
日常生活
一人ひとりの生活に合わせた
避難計画を立てておく
生活再建
生活する地域・福祉と連携して
一人ひとりの復興を目指す
被害
事前に立てた
避難計画をもとに行動する

一人ひとりを大切にする災害文化

86 法律リテラシーを学ぶ

社会にはルールが必要。法律は社会に欠かせないインフラのひとつだ。国会では、年に100本前後の法律が、政省令も含めるとさらに多数の法令が生産される。法治国家として必然の営みである。しかし、ルールが多ければ多いほど良い社会なのかというとそれは疑問だ。

2015年に公開された『みんなの学校』（監督：真鍋俊永）というドキュメント映画がある。大阪市住吉区にある大空小学校という実在の公立小学校を取材したもので、不登校、虐待、貧困、発達障害といった重たい課題を子どもたちがすべて安心して生き生きと学んでいる奇跡の実話である。とても興味深い映画だが、その中身は横に置く。注目したいのは、この学校には「校則がない」というところだ。

開校時から9年間校長先生を務めた木村泰子さんは、こう語っている。

「大空小学校は、校則はつくっていません。決まりがあるがゆえに『学校で決まってるやろ。持ってきたらあかんやろ！』と、その『決まりを破ったという現象』のみを教師は言及しがちです。そうなると、見なくてはいけないものが、見えなくなる。ですから、大空では『校則』をつくらなかったのです。その代わりとして、『たった1つの約束』をつくりました。それは『自分がされていやなことは、人にしない、言わない』です。大空では、子どもも大人も、この約束を徹底して守ります」

ルールをつくると、ルールを守るか破るかだけが関心事になって、それがなぜ悪いのかという根本問題を考えなくなる。校則だらけの学校だと、法のリテラシーを学ぶ機会が失われてしまうわけだ。

社会も同じ。何か問題が起きるたびに法律をつくって対処すると法律だらけになって、何が正しく何が悪いかを考える前に、法律がどうなっているか調べるのに汲々となってしまう。現代社会の閉塞感の1つは、過剰な法律生産にも原因がありそうだ。

災害ケースマネジメントは、その人に合った生活再建の計画を立てるところがポイントである。さまざまな制度を組み合わせてパッケージングするのだが、その人にピッタリ合った制度があるとは限らない。むしろ制度が見当たらないことが多いだろう。そんなときに、良かれと思って場当たり的に制度を盛り込み、その制度を本人に無理強いするのは筋違いだ。制度がないところは、生活の知恵を活用したり、工夫を凝らしたアイディアで乗り切ったりすることが大事だ。専門家の手を借りる意味はそこにある。

たとえば弁護士という存在は、数多くの制度を知っているというより、制度の使い方の知恵や工夫に長けていたり、制度の弱点や副作用について経験値を持っているところに強みがある。たとえば、家屋が損傷したときの選択肢として、応急修理制度を使うのが良いか、仮設住宅に入れなくなったら困るのでやめた方が良いか、とても修理費全額を負担できないのであきらめるのが良いか、むしろ何もしないで自治体の独自制度が策定されるのを待った方が良いか、それともいっそ売却してその資金でマンションに転居した方が良いか、そもそも相続人になる息子さんに判断を任せた方がよいのではないか、といった現実的な選択肢を被災者と共に考えるのが役割である。

話を元校長の木村泰子さんに戻そう。2019年8月2日の朝日新聞の「折々のことば」に、

「『困ってるねん』って言ってもらえるような大人になること。これもほんとに難しい」

という、木村泰子さんの言葉が紹介されていた。

その意味するところは、「机をガタガタさせる子を、みなに迷惑をかける『困った子』と見るか、何かが不安で『困っている子』と見るかで、教室の空気は大きく変わる」とのこと。本当は「困っている人」なのに「困った人」だと切り捨ててしまう、私たちの陥りがちな無思慮に対する警句であった。困った人だと決めつけず、困っている状況にアウトリーチし、その本当の原因にアプローチできる支援力を身に付ければ、被災者は進んでSOSを出してくれる。法律のリテラシーも、法律の平面的な知識ではなく、困っている人を救うために法律を武器として使う姿勢にこそ本質があるのだ。

87 福島のさすけなぶる

「さすけなぶる」は、福島県の「心配ない」の方言「さすけねぇ」と、持続可能性（sustainable）を組み合わせた造語だ。いったい何なのかというと、福島大学うつくしまふくしま未来支援センターが、福島県最大級の避難所「ビッグパレットふくしま」で起きた実例に基づいて開発した防災教育ツールである。

開発に携わった同センター特任教授の天野和彦さんは、「現場でスタッフたちが直面したさまざまな『正解のない問題』を、みんなで考え抜いて乗り越えようと考えた」と話す。

さすけなぶるで取り上げられた、実際に避難所で起こったエピソードを紹介しよう。

・支援物資が届くと館内放送を流す。すぐ行列ができるが、配布スペースから遠い場所にいて配布に間に合わない人から、早い者勝ちで不公平じゃないかと苦情が寄せられた。
・女性専用のスペースができた。しかし、みんなから疎まれているAさんがいつも陣取って、まるでその人専用の場所になってしまっている。誰もが自由に出入りできる快適なスペースにするにはどうしたらよいだろう。
・カップラーメンを配布したら、残りのスープをトイレに捨てる人が続出。トイレが詰まるトラブルが増えたので本部が注意喚起したら、今度はスープを飲み干して体調が悪くなる人が増えた。何をすれば改善できるか。

どれも現実にあったエピソードで、研修の参加者はそれぞれ解決方法を考える。考える基礎力は普段の生活の中で培われた経験値である。それに加えて解決を考える５つのキーが「さ・す・け・な・ぶる」だ。

「さりげなく」被災者の声に耳を傾け、生活環境の改善を進めよう（声には「大きな声」と「小さな声」があることを忘れずに）。

「すばやく」被災者の生活実態や課題をしっかり把握しよう（時間経過による

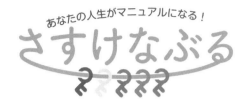

あなたの人生がマニュアルになる！
さすけなぶる

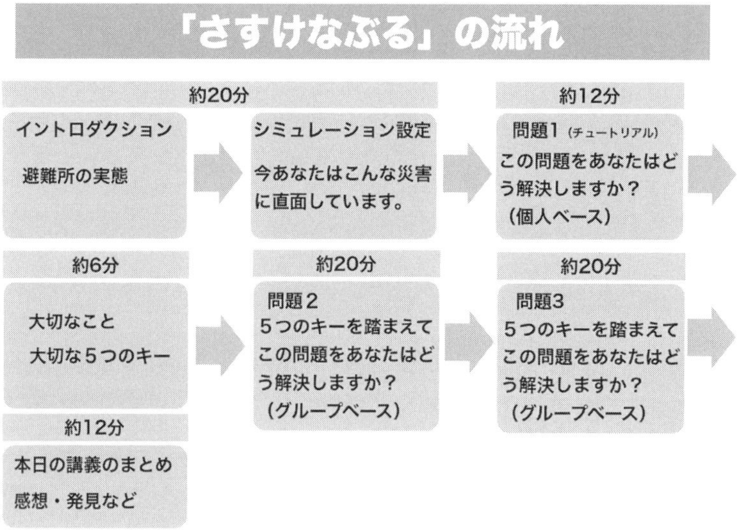

「さすけなぶる」のホームページより

ニーズ変化があることを忘れずに）。
「けむたがらずに」被災者同士、被災者と支援者等が交流できる場をつくろう（主体は被災者であることを忘れずに）。
「ないものねだりはやめて」地域の専門機関や団体等のネットワークを活用し、課題解決を進めよう（「できない」ではなく、「どうすればできるか」の視点を）。
「ふる（ぶる）さとのような」被災者の参画による自治的な組織をつくろう（避難生活は、生活再建の第一歩であることを忘れずに）。

この５つのキーには、避難所の「全体」を見るだけでなく、「個」を大切にす

「さすけなぶる」の実践の様子（天野和彦氏提供）

る一人ひとりの生活者を重視しようという思想がある。天野和彦さんは「命を守るためには、名簿をつくって、誰がどこで何を課題として、どのように過ごしているのかを皆で共有しないといけない」とポイントを指摘する。天野さんと共にさすけなぶるプロジェクトに携わる特定非営利活動法人にいがた災害ボランティアネットワーク理事長の李鉄仁さんは、「災害を人権の視点でとらえないといけない」と強調する。さすけなぶるは、災害ケースマネジメントの基礎となる想像力・総合力を学ぶにはもってこいと思われる。

88 公平と公正の違い

日本人は「公平」がとても好きだ。とかく「彼だけもらえるのはズルい。自分も欲しい！」と要求してみたり、「彼だけもらえるのはズルい。やめさせろ！」と足を引っ張ったりする。被災地では、支援の手厚さの差が嫉妬心を生む。「お隣は全壊なのに、なんでうちは半壊なんだ！」という感情がコミュニティ破壊の引き金になることもある。この公平原理を特に重視するのが行政の現場である。「他のみなさんも我慢しているのだからあなたも我慢してください」という抑制の理屈はとても説得力を持ち、結果として一人ひとりの人間の権利実現を阻む論拠になっている。

どうしてそんな心の狭い展開になってしまうのか？

その原因を辿ってみると、憲法上の平等権（憲法14条）の正しい理解が社会に根付いていないところに行き着く。

現代社会では貧富の差をはじめさまざまな格差が存在する。その事実は当然の前提だ。その差をどうやって埋めるかが平等権のテーマである。機会の平等を図ることをベースにしながらも、結果の平等に向けて調整をしていくところに憲法の意味がある。

視点を変えて言うと、「みんな同じ」を強調して形式的な公平を追い求めようとするところに最大の誤りがある。なぜなら、本当は「みんな違う」からなのだ。

人間は一人ひとりの人格や思想や社会的境遇が違うからこそ、個人として尊重されなければならない（憲法13条）。「差別」はNGだが、違いがあるからこそ「区別」するのは当たり前で、その違いを等しく認めて尊重することが大切。その上で、「みんな違うからこそ同じように大事にする」のが正しいあり方なのだ。

落語家で僧侶の露の団姫さんは「女らしくなく、男らしくなく、自分らしく生きる」をモットーに、自分らしさを見つけることが大事だと説く。女性として生きづらさを経験した上での言葉だ。

「均一に扱いさえすればよい」とか「違いがあるのはおかしい」という表面的な公平原理は、かえって人を傷つけ、奈落に突き落とす。個人を尊重する「平等権」と、形式的な「公平」を混同している私たち市民の責任は重い。

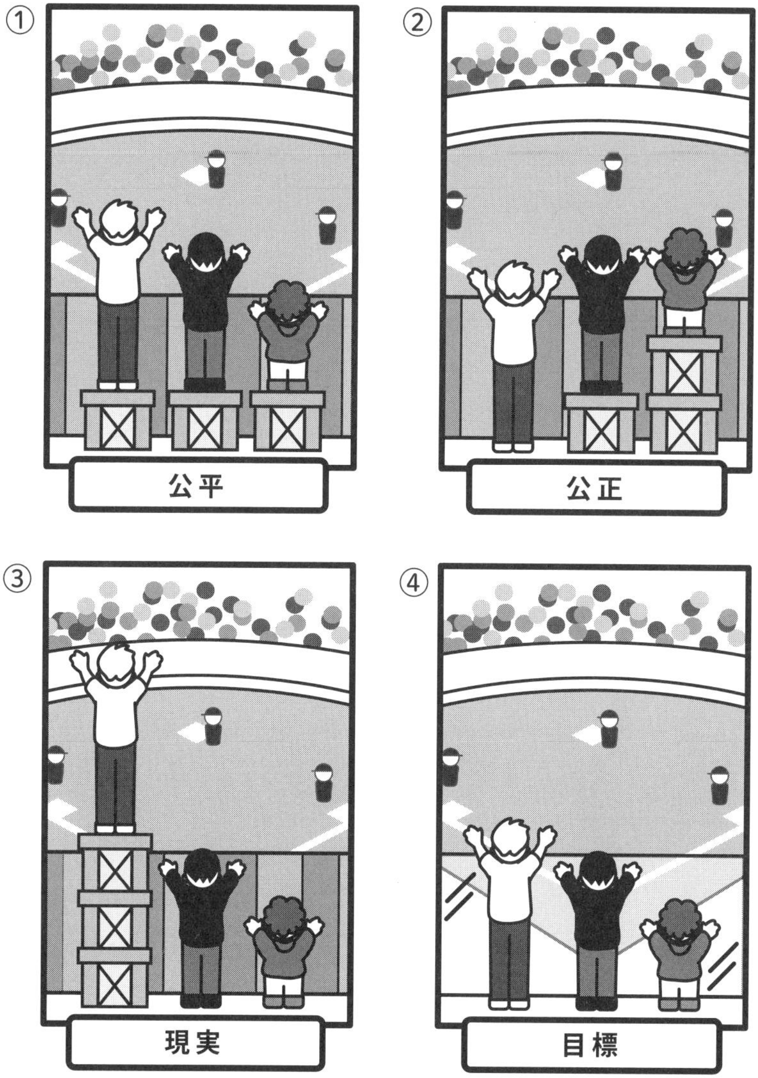

よく引用される4つの図をご覧いただきたい。①「公平（形式的平等）」と②「公正（実質的平等）」の違いがよくあらわれている。そして、現実は③だったりする。

私は、形式的平等に偏重した流れに強い危惧感を感じている。だからこそ、今あえて「脱・公平」を声高に叫びたい。

「公平」という言葉に潜む非人間性に気付いてほしい。

苦難を抱えた一人ひとりを救済することに注力すれば、真の平等の実現につながるはずだし、ちょっとした発想の転換や、知恵や工夫をすれば、すべての人が大切にされる社会は実現できるはずだ。それを示したのが図の④だ。

災害ケースマネジメントを実施するに当たって思想の底流に置くべき考え方は、「脱・公平」（実質的平等の実現）である。

89 緊急事態条項にだまされてはいけない

大災害が起きて国家の存立が危ぶまれるような事態になったときに、憲法秩序を停止し、総理大臣（行政府の長）などに権力を集中し、超法規的な措置も含めた権限を委ねて難局を乗り切ろうという考え方がある。「国家緊急権」とか「緊急事態条項」と呼ばれるものだ。自民党の日本国憲法改憲案草案98、99条に原案が示されていて、もし憲法が改正されると、緊急事態条項が現実化することになるだろう。

四角四面の法律のせいで泣いている災害弱者には、「邪魔な法律を取っ払って、超法規的な措置で救ってくれるのであれば歓迎する」という考えもあるかもしれない。しかし、それはとんでもない大誤解だ。ナチスドイツが台頭し、社会的弱者が弾圧された歴史などを振り返り、緊急事態条項の危険性と有害性を確認しておいてほしい。

現場主義の観点からその危険性を指摘しておく。熊本地震では2016年４月14日に１度目の震度７が発生。益城町の住民は益城町総合体育館に押し寄せたが、町から指定管理を受けていた熊本YMCAの丸目陽子副所長は、メインアリーナの中には避難者を入れるのは危険であると主張し、町も入れないと判断した。余震による被害を懸念したからである。結果、多くの人は屋外で車中避難をした。ところが、河野防災担当大臣のブログによれば、その15日の「午前11時15分、ここまでの情報を集約して総理に報告し、総理からは屋外に避難している人を確実に今日中に屋内に収容せよという指示がありました」とのことで、安倍首相は屋外避難の解消を命じていた。これを受けた益城町職員は現場に来たが、丸目副所長の説明を聞いて屋外避難の継続を許したのである。その夜（16日午前１時25分）、２度目の震度７が被災地を襲い、メインアリーナの天井は激しく崩落した。もし屋内収容が実行されていたら避難者が下敷きになって多数の死傷者が出たことは確実である。的確な現場判断が命を救い、遠く離れた官邸からの指示は多数の命を奪いかねない危険なものだったという一例である。

▲熊本 YMCA が指定管理者として管理していた益城町総合体育館（被災前の様子）（熊本 YMCA 提供）
◀ 2016 年 4 月 16 日の 2 度目の震度 7 で天井盤が崩落した（熊本 YMCA 提供）

同様の事例は、阪神・淡路大震災直後の緩慢な政府対応や、原発事故直後の行き過ぎた政府対応など、数を挙げればきりがない。災害対策基本法が、国や県ではなく、現場に近い市町村長に権限を委ねているのは、こうした経験に基づき安全を期しているからだ。

トップに権限を集中させるということは、現場の権限を奪うということでもある。これは極めて有害だ。トップの判断を仰がないと物事がストップしてしまうからである。いわば「指示待ち弊害」なのだ。日本弁護士連合会は東日本大震災の被災自治体の首長にアンケートを取った。9 割以上が、国家への権限集中ではなく、むしろ現場に権限を委譲してほしいと答えた。目の前にいる人を救うことができるのは現場責任者である。中央省庁ではない。

日本の災害法は、緊急事態条項などなくても、きちんと適用すれば十分に機能する。というより、緊急事態条項があったら機能停止するに違いない。災害から命を守りたければ緊急事態条項は絶対に創設させてはならない。

ここでこのような国家的課題を取り上げたのは、災害ケースマネジメントは徹底した現場主義の仕組みだからである。そこにいる人を救うために、現場で知恵を凝らして、寄り添う人々が計画を立て、現場対応をしなければならない。もし、マネジメントの権限が現場から遠く離れた上位者に掌握され、現場が見えないところが差配することとなれば、これほど有害なことはない。指示待ちモードは危険なのだ。災害時に必要なのは超法規的な緊急事態条項ではなく、一人ひとりの個人の尊厳を大切にする現場に即した人権感覚にほかならない。

90 憲法を大事にすることこそ決め手

憲法は復興の基本法である。戦火の焼け野原から立ち上がり、国民が幸せを取り戻すことを目的に1947年５月３日に施行された。

文部省教科書「あたらしい憲法のはなし」の挿絵

第二次世界大戦の終戦前後は日本の地震活動期にも当たる。直近の東南海地震は終戦直前（1944年12月）、直近の南海地震は終戦直後（1946年12月）に発生した。この時代背景が、憲法が災害復興基本法とも言われる１つの理由である。

憲法で一番大事な条文は憲法13条だ。「すべて国民は、個人として尊重される。生命、自由及び幸福追求に対する国民の権利については、公共の福祉に反しない限り、立法その他の国政の上で、最大の尊重を必要とする」と書いてある。すべての人を個人として、つまり一人ひとりの人格を大切にするという宣言であり、「個人の尊厳」いわばプライドを最高価値としているのである。

続けて「生命」「自由」「幸福追求」の尊重を挙げているが、これらが一気に脅かされる場面が「戦争」と「災害」である。戦争は避けることができるし、避けなければならない。しかし、災害はどうしても避けようがない。だから、災害時こそ憲法の出番であり、私たちは憲法をフル活用しなければならない。

憲法前文には平和的生存権が明記されている。この部分をよく読んでみると、「われらは、全世界の国民が、ひとしく恐怖と欠乏から免かれ、平和のうちに生存する権利を有することを確認する」と書いてあって、戦争という事象ではなく、「恐怖と欠乏」から免れることが「平和」だと書いている。つまり、すべての人が災害の恐怖や、被災後の欠乏から免れることが平和的生存権の目指すところなのだ。

平和的生存権（憲法前文　第２パラグラフ）

日本国民は、恒久の平和を念願し、人間相互の関係を支配する崇高な理想を深く自覚するのであつて、平和を愛する諸国民の公正と信義に信頼して、われらの安全と生存を保持しようと決意した。われらは、平和を維持し、専制と隷従、圧迫と偏狭を地上から永遠に除去しようと努めてゐる国際社会において、名誉ある地位を占めたいと思ふ。われらは、全世界の国民が、ひとしく恐怖と欠乏から免かれ、平和のうちに生存する権利を有することを確認する。（※平和的生存権を保障した憲法前文のこの段落中には「戦争」という言葉は出てこない）

憲法25条では生存権も保障している。誰もが「健康で文化的な最低限度の生活」を営む権利があるのだ。劣悪な環境で在宅被災者が生活を強いられる事態、孤独死や関連死、あるいは被災者が追い出しの恐怖の中で暮らさなければならない事態は、憲法に反している。

私たちは、災害時にこそ憲法の意義を心に刻むべきだ。そして、被災者支援の最強の後ろ盾が憲法であることを自覚するべきだ。

災害によって打ちひしがれた一人ひとりの被災者の尊厳を大切にし、その生命と自由と幸福追求をサポートすることこそ災害ケースマネジメントである。災害ケースマネジメントの実行は憲法という最高のお墨付きを得ている。私たちは堂々と胸を張って災害ケースマネジメントの現場に臨めばよい。

■あとがきにかえて

「災害ケースマネジメント」という言葉はまだ知られていない。しかし、近ごろ嬉しく思うことがある。あちらこちらの被災地で災害ケースマネジメントを紹介すると、「それ、私たちやってます」、「名前は違うけど、うちの活動そのものです」といった反応をいただけるのである。おそらく、真剣に一人ひとりの生活再建の支援に取り組めば、およそ同じ結論に至るのだろう。それはこの進め方が止道だからに違いない。そこに付いた名前が「災害ケースマネジメント」に過ぎないのである。当然、名前よりも中身が大事である。私は、それぞれの現場の活動を応援したい。

では、なぜ、あえてネーミングしたのか。3つの理由がある。1つ目は名前があった方が広く普及しやすいから。2つ目は一般化されることで制度化しやすくなるから。そして3つ目は現場活動を支える財源を確保したいからである。

本書では財源の話は難しくなるため見送ったが、現場で支援活動に携わる方々にとって必要な情報だろう。ごく簡単に言えば、活動の財源は、「自己資金」か、「民間資金」か、「公的財源」しかない。公金については、現在、取り組まれている災害ケースマネジメントの実践例では、国の福祉施策の財源（地域支え合い、セーフティーネット・生活困窮自立支援、我が事・丸ごと地域共生社会事業、生活福祉相談、緊急雇用等）または地方自治体自主財源が主となっている。しかし、災害ケースマネジメントが制度化されることとなれば、国の災害関係財源（被災者生活再建支援、激甚法、国土強靭化、地域活性化、復興特別予算等）で負担できるように改善される見込みがある。本書が、そうした検討の小さなきっかけになれば嬉しく思う。

そもそも日本には「被災者」の定義がない。「災害」の定義も自体もあいまいだ。さまざまな制度があって、その制度の目的によって災害の範囲も違ってくる。だから誰が被災者なのかが定まらない。そんな複雑な制度なので、穴やスキマも多い。したがって、たくさんの人々が救済の網から漏れ落ちるのも当然と言わなければならない。

本書で取り上げた在宅被災者、災害関連死、原発避難者、震災障害者、零細事業者など、塗炭の苦しみの中にある人々はほんの一例に過ぎない。

令和時代は幕が開けたばかりだが、時代の変わり目と無関係に、大災害は次々に襲ってくる。明日の自分が、人々と同じ境遇となる可能性は高いのだ。一人ひとりが大事にされる社会を実現することは、「かわいそうな人を助けたい」という同情心に由来する恩恵などではなく、誰もが自分ごととして考えなければならない「リスク対策」であり、社会全体の共通課題である。災害ケースマネジメントを普及させるための時間の猶予はない。

本書刊行にあたり、文中でご紹介した方々をはじめ、実に多くの人や団体にお世話になった。とりわけ、私に災害ケースマネジメントを教示してくれた菅野拓さん、刊行を決意させてくれた宇都彰浩さんと戸田真由美さん、そして「日弁連災害復興支援委員会」と「一人ひとりが大事にされる災害復興法をつくる会」のメンバーとは、現場に臨む戦友として本書に込めた思いを分かち合いたい。そして、少しでもわかりやすく親しみやすい本にしたいという私のわがままに辛抱強く付き合ってくださった合同出版の上野良治社長と須貝香織さんと、細やかな心遣いをもって素晴しいイラストを描いてくださった姉川真弓さんに心より御礼を申し上げたい。

本日現在、2019年台風19号の被害の全容はいまだに不明という状況にある。被災者の方々の身を案じると共に、同じ苦しみが繰り返されないことを切に願う。

2019年10月22日　津久井進

■索引　カテゴリ区分別

■欧文事項索引

■人名索引

■事項索引

あ行

か行

さ行

た行

■文献リスト

【全体を通じて】

津久井進『大災害と法』（岩波新書）

山崎栄一『自然災害と被災者支援』（日本評論社）

岡本正『災害復興法学』（慶應義塾大学出版会）

岡本正『災害復興法学Ⅱ』（慶應義塾大学出版会）

岡本正『災害復興法学の体系　リーガル・ニーズと復興政策の軌跡』（勁草書房）

佐々木晶二『最新　防災・復興法制』（第一法規）

室崎益輝他監修『災害対応ハンドブック』（法律文化社）

吉江暢洋『一人ひとりが大事にされる災害復興法の実現を目指して～生活困窮者自立支援制度を参考として』（岩手弁護士会会報 2016 年 9 月）

菅野拓『みなし仮設を主体とした仮設住宅供与および災害ケースマネジメントの意義と今後の論点―東日本大震災の研究成果を応用した熊本市におけるアクションリサーチを中心に―』（2017 年 4 月）

津久井進『被災者一人ひとりに向き合う支援制度へ』（「生活協同組合研究」2018 年 3 月 506 号）

仙台弁護士会『東日本大震災から 8 年を迎えての震災復興支援に関する会長声明』（2019 年 3 月 7 日）

東北弁護士会連合会『被災者支援のために「災害ケースマネジメント」の制度化に向けた法改正等を求める決議』（2019 年 7 月 5 日）

白澤政和他編『ケアマネジメント』（中央法規）

あんどうりす『りすの四季だより』（新建新聞社）

【第 1 章】

岡田広行『自宅が残った被災者も苦悩　大震災から 8 年後の現実』（週刊東洋経済 2019 年 5 月 11 日号）

市川英恵『22 歳が見た、聞いた、考えた「被災者ニーズ」と「居住の権利」』（クリエイツかもがわ）

市川英恵『住むこと　生きること　追い出すこと　9 人に聞く借上げ復興住宅』（クリエイツかもがわ）

出口俊一『震災復興研究序説　復興の人権思想と実際』（クリエイツかもがわ）

森松明希子『母子避難、心の軌跡―家族で訴訟を決意するまで』（かもがわ出版）

吉田千亜『ルポ 母子避難―消されゆく原発事故被害者』(岩波新書)

日野行介『福島原発事故　被災者支援政策の欺瞞』（岩波新書）

青木美希『地図から消される街　3.11 後の「言ってはいけない真実」』（講談社現代新書）

関礼子編『被災と避難の社会学』（東信堂）

関西学院大学災害復興制度研究所他『原発避難白書』（人文書院）

塩崎賢明『復興＜災害＞』（岩波新書）

山川徹『葬られる声　「災害関連死」と「震災に関連した死」』(望星 2015 年 1 月号～ 3 月号)
在間文康『NHK 視点・論点　東日本大震災から 6 年②』(2017 年 3 月 13 日放送)
在間文康『災害関連死　～声なき声を遺訓とするために～』(そらうみ法律事務所 2019 年 8 月 11 日ブログ)
『東日本大震災における震災関連死に関する報告』(震災関連死に関する検討会(復興庁))平成 24 年 8 月 21 日
日本弁護士連合会『災害関連死に関する意見書』(2012 年 5 月 11 日)
日本弁護士連合会『災害関連死の事例の集積、分析、公表を求める意見書』(2018 年 8 月 23 日) 中央防災会議
首都直下地震対策検討ワーキンググループ『首都直下地震の被害想定と対策について(最終報告)』(2013 年 12 月)
復興まちづくり研究所『実践！復興まちづくり』(合同フォレスト)
加藤孝明『時代の潮流を踏まえて未来に『備える』：減災・復興の観点から』(生産研究 66 巻 5 号)
室崎益輝他『先例・通知に学ぶ　大規模災害への自主的対応術』(第一法規)
中村健人・岡本正『自治体職員のための災害救援法務ハンドブック』(第一法規)
宇都彰浩他『被災者の住まいの再生』自由と正義 2015 年 3 月号 (日本弁護士連合会)
河北新報　2018 年 4 月 1 日記事
河北新報　2019 年 6 月 15 日記事
朝日新聞　2018 年 4 月 16 日社説
朝日新聞　2019 年 8 月 22 日記事
一般財団法人ダイバーシティ研究所 2017 年 5 月 29 日報告書
一般財団法人ダイバーシティ研究所 2018 年 9 月報告書
岡山県弁護士会『平成 30 年 7 月豪雨から 1 年を迎えるにあたっての会長声明』(2019 年 6 月 27 日)
村井雅清『災害ボランティアの心構え』(ソフトバンク新書)
有馬実成『地球寂静』(アカデミア出版会)
関西学院大学災害復興制度研究所『災害ボランティアハンドブック』(関西学院大学出版会)
ピースボート災害ボランティアセンター『災害ボランティア入門』(合同出版)
山下祐介・菅磨志保『震災ボランティアの社会学』(ミネルヴァ書房)
内閣府(防災担当)『避難所におけるトイレの確保・管理ガイドライン』(平成 28 年 4 月)
阿部泰隆『大震災の法と政策―阪神・淡路大震災に学ぶ政策法学』(日本評論社)

【第 2 章】

津久井進他『「災害救助法」徹底活用』(クリエイツかもがわ)
NHK　2019 年 7 月 21 日放送　BS1 スペシャル『忘れられた " 在宅被災者 " ～東日本大震災からの警告～』
岡田広行『被災弱者』(岩波新書)
中央防災会議・首都直下地震避難対策等専門調査会『首都直下地震避難対策等専門調査会報告』(平成 20 年 10 月)

内閣府（防災担当）『避難所運営ガイドライン』（平成 28 年 4 月）
榛沢和彦監修『災害後の健康を守る避難所づくりに活かす 18 の視点』（東京法規出版）
『スフィアハンドブック 2018 日本語版』（支援の質とアカウンタビリティ向上ネットワーク・JQAN）
大水敏弘『実証・仮設住宅 : 東日本大震災の現場から』（学芸出版社）
大月敏雄『町を住みこなす―超高齢社会の居場所づくり』（ 岩波新書 ）
災害救助実務研究会『災害救助の運用と実務 平成 26 年版』（第一法規）
内閣府政策統括官（防災担当）付・参事官（被災者行政担当）付『災害救助事務取扱要領』
日野行介・尾松亮『フクシマ 6 年後　消されゆく被害』（人文書院）
額田勲『孤独死』（岩波書店）
MBS ラジオ『ネットワーク 1・17』第 1149 回スペシャル『一部損壊～災害とお金』
全労済協会『絆を紡ぎ未来を奏でる　勤労者ネットワークの構築　30 周年記念誌』
和久克明『風穴をあけろ―被災者生活再建支援法成立の軌跡』（ひょうご双書）
津久井進『Q&A 被災者生活再建支援法』（商事法務）
日本弁護士連合会『被災者の生活再建支援制度の抜本的な改善を求める意見書』（2016 年 2 月 19 日）
清水香『どんな災害でもお金とくらしを守る』（小学館）
清水香『地震保険はこうして決めなさい』（ダイヤモンド社）
生活設計塾クルー『災害時　絶対に知っておくべきお金と保険の知識』（ダイヤモンド社）
福田徳三『復刻版　復興経済の原理及若干問題』（関西学院大学出版会）
青田良介『被災者の自立再建にかかる支援を推進する災害復興基金の特色に関する考察ー復興基金の 4 つの事例からー』（日本都市計画学会　都市計画論文集 45 巻 3 号）
青田良介『岩手県・宮城県における東日本大震災復興基金の活用に関する考察』（関西学院大学災害復興研究第 8 号）
新潟県中越大震災復興検証調査会『新潟県中越大震災復興検証報告書』
西日本新聞　2019 年 6 月 14 日記事
神戸市生活再建本部編『阪神・淡路大震災　神戸の生活再建・5 年の記録』
渡辺実他『ドキュメント　崩壊からの出発　阪神大震災 5 年・「生活再建」への挑戦』（社会思想社）
京都新聞　2019 年 3 月 11 日記事
島本慈子『倒壊―大震災で住宅ローンはどうなったか』（ ちくま文庫 ）
熊本県弁護士会『平成 28 年熊本地震における熊本県弁護士会の被災者支援活動記録』
青田由幸『原発震災、障害者たちは…消えた被災者』（解放出版社）
岡本正・山崎栄一・板倉陽一郎『自治体の個人情報保護と共有の実務』（ぎょうせい）

【第 3 章】

北後明彦他『災害から一人ひとりを守る』（神戸大学出版会）
白澤政和編著『ケアマネジメント論』（ミネルヴァ書房）
村田久行『ケアの思想と対人援助』（川島書店）

小澤康司他『緊急支援のアウトリーチ　現場で求められる心理的支援の理論と実践』（遠見書房）
上野谷加代子監修『災害ソーシャルワーク入門　被災地の実践知から学ぶ』（中央法規）
刑事立法研究会『「司法と福祉の連携」の展開と課題』（現代人文社）
小野昌彦編著『発達障害のある子／ない子の学校適応・不登校対応』（金子書房）
NHK プロフェッショナル仕事の流儀　第 289 回　2016 年 3 月 14 日放送
永松伸吾『地域経済の復興の鍵は何か？―贈与経済と市場経済に関する考察より』（関西学院大学災害復興制度研究所編『RON　論　被災からの再生』）
宮城県サポートセンター支援事務所他『支え手になったあの日から地域を見守る支援員の語り』
鈴木義幸『コーチングが人を活かす』（ディスカヴァー）
伊藤守『コーチングマネジメント』（ディスカヴァー）
中室牧子『学力の経済学』（ディスカヴァー・トゥエンティワン）
鷲田清一『パラレルな知性』（晶文社）
NHK　2019 年 7 月 21 日放送　BS1 スペシャル『忘れられた“ 在宅被災者 ”～東日本大震災からの警告～』
立木茂雄研究代表『借り上げ仮設住宅被災者の生活再建支援方策の体系化』（戦略的創造研究推進事業（社会技術研究開発）　コミュニティがつなぐ安全・安心な都市・地域の創造
研究開発領域　平成 24 年度採択 プロジェクト企画調査終了報告書）
デヴィット・マメン（林春男訳）『復興の創造　9/11 からのニューヨークの価値観とアプローチ』（富士技術出版）
仙台市『被災者生活再建加速プログラム』（平成 27 年 3 月）
鳥井静夫『民間賃貸住宅借上げ応急仮設住宅と被災者生活再建支援』（日本災害復興学会誌復興 第 5 号）
菅野拓『東日本大震災の仮設住宅入居者の社会経済状況の変化と災害法制の適合性の検討ー被災 1・3 年後の仙台市みなし仮設住宅入居世帯調査の比較からー』（地域安全学会論文集 No.27）
読売新聞　2018 年 1 月 15 日
鳥取県『震災誌　平成 12 年（2000 年）鳥取県西部地震』
中建日報　2018 年 11 月 2 日
中国新聞　2018 年 12 月 25 日
朝日新聞　2019 年 8 月 22 日
中国新聞　2019 年 6 月 6 日
内閣府（防災担当）提供『簡易なファイル　Access 版（イメージ）』
立谷秀清『東日本大震災　震災市長の手記』（近代消防社）
津久井進『原発避難者支援と災害ケースマネジメント』（関西学院大学災害復興制度研究所紀要「災害復興研究 9 号」）

【第 4 章】

芦部信喜『憲法』（岩波書店）
佐藤幸司『憲法』（青林書院）

岩永理恵他『被災経験の聴きとりから考える　東日本大震災後の日常生活と公的支援』（生活書院）
神野直彦『「分かち合い」の経済学』(岩波新書)
映画『みんなの学校』（合同会社東風）
木村泰子『「みんなの学校」が教えてくれたこと　学び合いと育ち合いを見届けた 3290 日』（小学館）
木村泰子『虐待・貧困・発達障害…全てを抱えた子が「みんなの学校」で得たもの』（講談社 FRAU　2018.02.10　ブログ　https://gendai.ismedia.jp/articles/-/54397）
諏訪清二『防災教育の不思議な力』（岩波書店）
岡本正『図書館のための災害復興法学入門』（樹村房）
鷲田清一『折々のことば』（朝日新聞　2019 年 8 月 2 日）
雁部那由多・津田穂乃果・相澤朱音『16 歳の語り部』（ポプラ社）
公益社団法人チャンス・フォー・チルドレン『東日本大震災被災地・子ども教育白書 2015』（バリューブックス）
河北新報『「児童に震災影響」7 割　宮城県沿岸小中アンケート』（2014 年 1 月 1 日）
河北新報『いじめ認知件数、宮城ワースト 3 位　不登校割合も 2 年連続最多』（2018 年 10 月 26 日）
福祉フォーラム in 別杵速見実行委員会『2017 年度「別府市における障害者インクルーシブ防災」事業　「誰もが安心して安全に暮らせる災害時要援護者の仕組みづくり」の報告「みんなが助かるために」』
社会福祉法人東京都社会福祉協議会『災害に強い福祉　要配慮者支援活動　事例集』（災害時要支援者支援ブックレット 6）
市民と NGO の「防災」国際フォーラム実行委員会『阪神大震災市民がつくる復興計画―私たちにできること』
津久井進『避難者の実質的生活補償へ』（『福島原発事故　取り残される避難者』明石書店）
天野和彦他『東日本大震災における被災者支援についての一考察―富岡町生活復興支援おだがいさまセンターの取り組みをとおして―』（日本災害復興学会 2012 年）
一般社団法人兵庫県社会福祉士会『報告書　防災と福祉の連携促進事業～誰ひとり取り残されない地域を目指して～』
露の団姫『女らしくなく、男らしくなく、自分らしく生きる』（春秋社）
永井幸寿『憲法に緊急事態条項は必要か』(岩波ブックレット)
永井幸寿『よくわかる緊急事態条項 Q&A―いる？いらない？憲法 9 条改正よりあぶない !?』（明石書店）
自由民主党『日本国憲法改正草案』（平成 24 年 4 月 27 日決定）
衆議院議員 河野太郎公式サイト『ごまめの歯ぎしり』の 2016 年 4 月 15 日のブログ『熊本地震』
片山善博・津久井進『災害復興とそのミッション　復興と憲法』（クリエイツかもがわ）

著者紹介

津久井進　（つくい・すすむ）

弁護士（兵庫県弁護士会所属）。1969年生。日本弁護士連合会災害復興支援委員会委員長、近畿災害対策まちづくり支援機構事務局次長、一人ひとりが大事にされる災害復興法をつくる会共同代表、兵庫県震災復興研究センター共同代表、関西学院大学災害復興制度研究所研究員、日本災害復興学会理事ほか。著書に『大災害と法』（岩波新書）、『Q&A被災者生活再建支援法』（商事法務）、共著に『大震災のなかで――私たちは何をすべきか』（岩波新書）、『「災害救助法」徹底活用』、『災害復興とそのミッション』（ともにクリエイツかもがわ）、『3・11と憲法』（日本評論社）、『東日本大震災　復興の検証』（合同出版）、『住まいを再生する――東北復興の政策・制度論』（岩波書店）、『災害対応ハンドブック』（法律文化社）ほか多数

装幀・本文デザイン　守谷義明+六月舎
本文イラスト　姉川真弓
組版　酒井広美（合同出版制作室）

災害ケースマネジメント◎ガイドブック

2020年 1月30日　第1刷発行
2020年 4月30日　第2刷発行

著　　者　津久井 進
発 行 者　上野良治
発 行 所　合同出版株式会社
郵便番号 101-0051
東京都千代田区神田神保町 1-44
電話 03（3294）3506　FAX 03（3294）3509
URL http://www.godo-shuppan.co.jp/
振替 00180-9-65422
印刷・製本　株式会社シナノ

■刊行図書リストを無料進呈いたします。
■落丁・乱丁の際はお取り換えいたします。

ISBN978-4-7726-1408-5　NDC360　148×210

② お金の支援制度（もらえる）

□ 被災者生活再建支援法による給付（都道府県・市町村）
※④を参照（最大 300 万円）

□ 災害弔慰金法による給付（市町村）
・災害弔慰金（遺族に最大 500 万円）
・災害障害見舞金（重い後遺障害に最大 250 万円）

□ 義援金（各自治体）
被害の内容，程度，自治体により異なります。
義援金申請では，り災証明書が必要になることも。

□ 生活保護（都道府県・市町村）
避難所等の避難先での申請が可能です。
義援金や給付金等は収入認定されないのが原則です。

③ お金の支援制度（借りられる）

□ 災害弔慰金法による貸付（市町村）
災害援護資金制度（負傷・住家被害 最大 350 万円）

□ 生活福祉資金貸付制度（社協）
緊急小口資金（10 万円・無利子）
災害援護資金（150 万円・無利子～ 1.5%）
その他（総合支援資金，教育支援資金，不動産担保型生活資金）

□ 母子父子寡婦福祉資金貸付金（自治体の福祉事務所）
被災者には償還金の支払猶予措置もあり。

□ 年金担保貸付，労災年金担保貸付（独立行政法人福祉医療機構）
年金額の 8 割かつ 200 万円以内など。使途は保健・医療や住宅改修資金など。

□ 恩給等担保貸付（日本政策金融公庫等）
恩給，年金を担保に教育費や居住関係費，事業資金等を融資。250 万円以内など。

□ 不動産担保によるリバースモーゲージ貸付（住宅金融支援機構）
60 歳以上なら，生存中，利息のみ支払いの災害時特例もあり。

④ 住宅の修理・再建の支援制度

□ 被災者生活再建支援法（都道府県・市町村）
基礎支援金（全壊等 100 万円），加算支援金
（住宅建設・購入 200万円，補修 100万円，賃借50万円）
※賃借人も対象。使途の制限はありません。
※単身世帯は 4 分の 3
※加算支援金（補修）の受給で災害公営住宅の入居資格を失う可能性があります。

□ 災害救助法の応急修理（都道府県・市町村）
応急修理補助（59 万 5000 円等 /2019 年基準）
※ただしこの制度利用で仮設住宅の入居資格を失う可能性があります。

□ 公費解体（市町村）
大規模災害時，全半壊家屋は公費（無償）で解体してもらえる場合があります。ただし，修理で再建可能な家屋の解体判断は慎重に。修理のために被災度区分判定（日本建築防災協会・有料）の利用も検討を。

□ 生活福祉資金貸付制度による住宅補修費貸付（社協）
250 万円以内（無利子～ 1.5%），所得要件等あり。

□ 母子父子寡婦福祉資金の住宅資金貸付（自治体の福祉事務所）
住宅の補修等について 200 万円以内で貸付。

□ 建設・購入の災害復興住宅融資（住宅金融支援機構等）
半壊以上の被害で住宅を建設したり購入したりする際の融資制度。

□ 修理の災害復興住宅融資（住宅金融支援機構等）
り災証明書を交付された方が住宅補修の際に利用できる融資制度。

□ 自治体独自の支援策
能登半島地震での新築時支援金，熊本地震での被災したのり面，擁壁，地盤復旧への補助など多数事例あり。自治体からの情報に注意を。

⑤ 仮設住宅・公営住宅

□ 災害救助法の応急仮設住宅（市町村）
住家の全壊等により居住する住家がない者で，自らの資力では住宅を得ることができない人が無償で入居できます。

□ 公営住宅への入居（各自治体）
所得要件があります。

⑥ 被災ローン減免制度（二重ローン対策にも）

□ 制度を利用できる人
災害救助法の適用を受けた自然災害の影響によって，住宅ローン，事業性ローン，自動車ローン，教育ローンなどの債務の弁済が難しくなった個人が利用できます。

□ 制度の概要
①現預金 500万円，及び生活再建支援金，義援金（※），災害弔慰金，家財地震保険金（250万円まで）等を手元に残した上で，残ローンの減免を受けられます。
※差押禁止立法化が必要
②信用情報登録機関に登録されないので，新たな住宅ローン借入の可能性あり。
③連帯保証人も原則として履行を求められません。
④国の費用で弁護士等専門家の支援が受けられます。

□ 問い合わせ先
制度の利用可能性がある場合には，金融機関とリスケを行う前に，弁護士会やメインバンクに相談を。
メインバンクから制度利用の同意書をもらい弁護士会に提出することがスタートです。

詳しくは「自然災害債務整理ガイドライン」で検索

⑦ 子ども・教育の支援制度

□ 幼稚園の就園奨励事業（市町村・幼稚園）
入園料・保育料の減免・猶予。

□ 教科書等の無償給与（災害救助法，都道府県・市町村）
小中高の児童・生徒へ教科書，教材，文房具，通学用品を支給。

□ 特別支援学校等への就学奨励事業（都道府県・市町村・学校）
通学費，学用品等を援助。

□ 小中学生の就学援助措置（都道府県・市町村・学校）
就学に必要な学用品費，新入学用品費，通学費，校外活動費，学校給食費等を援助。

□ 高等学校授業料等減免措置（都道府県・市町村・学校）
授業料，受講料，入学料，受験料の減免，猶予。

□ 大学等授業料等減免措置（各学校）
学校により異なりますが，授業料等の減免，猶予があります。

□ 国の教育ローン（日本政策金融公庫等）
入学資金，在学資金等の融資。一人あたり 350 万円以内。

被災者支援チェックリスト

2019年10月版

フローに沿って支援情報をチェック☑

●災害時特有の問題を知りたい・・・→①へ

●お金の支援制度（給付・貸付）・・→②③へ

●住宅の修理・再建の支援制度・・・→④へ

●仮設住宅・公営住宅・・・・・・・・→⑤へ

●個人が抱えるローンの悩み・・・・→⑥へ

●子ども・教育の支援制度・・・・・→⑦へ

●雇用・事業の支援制度・・・・・・・→⑧⑨へ

●税金・保険料などの減免制度・・・→⑩へ

詳しくは、各制度の（）内に記載された窓口等にご相談下さい。

①災害時特有の制度・問題

□り災証明書とは
市町村が発行窓口となる，地震・水害等による家屋被害の程度（全壊・大規模半壊・半壊・一部損壊）を証明するもの。各種支援金，税の減免，融資申請等に必要です。
生命保険，損害保険の請求には原則不要です。
被害証明のために可能なら屋内外の写真をたくさん残しましょう。

□応急危険度判定とは
余震等の二次被害防止のため，緊急に建物の危険性等をチェックするもの。危険（赤），要注意（黄），調査済（緑）のステッカーが貼られます。り災証明書のための被害認定とは異なる制度です。
赤(危険)＝全壊認定，ではありません。

□権利証や健康保険証などの紛失
不動産の権利証，預金通帳，実印などを紛失しても権利を失うことはありません。預貯金については金融機関にご相談を。
また、健康保険証が手元になくても，氏名，生年月日等を医療機関に伝えれば保険診療を受けることができます。

□境界標や石垣の基礎部分について
これらは土地の境界の特定に役立ちますので，可能な限り保存に努めてください。

□運転免許証の有効期間延長
特定非常災害に指定されれば，免許証の有効期間が延長される場合があります。紛失の場合は，運転免許センターや警察署で再交付手続を。

□廃車手続（運輸局・運輸支局）
津波で自動車が流されてしまった場合，手続を緩和して抹消登録申請ができる場合があります。運輸局，運輸支局に相談を。

⑧雇用関係の支援制度

□労災保険の支給
労働者が仕事中や通勤中に，地震・豪雨等により建物が崩壊したこと等が原因となって受傷した場合には，労災保険の給付を受けられます。

□雇用保険の基本手当（ハローワーク）
災害による一時的休業等の場合に，各種給付や雇用保険の基本手当の支給が受けられます。

□未払賃金立替払制度（労基署・労働者健康安全機構）
事業主が倒産した場合に未払給与や退職金の立替払を受けられる場合があります。

⑨事業関係の支援制度

□雇用調整助成金（労働局・ハローワーク）
地震・豪雨等に伴う経済上の理由により休業を余儀なくされ，労働者に休業手当を支払った場合に一定の助成金を受け取れる場合があります。

□小規模事業者経営改善資金
（マル経融資）（商工会議所・商工会）
商工会議所等の経営指導を受ける小規模事業者に対し，日本政策金融公庫が無担保で行う融資。

□農林漁業者に対する資金貸付（日本政策金融公庫等）

□災害復旧貸付（日本政策金融公庫・商工中金等）
災害により被害を受けた中小企業等に対する事業所復旧のための資金貸付。

□セーフティネット保証・災害関係保証（信用保証協会）
一般保証とは別枠で保証。無担保 8000 万円，最大 2.8 億円。

□グループ補助金
（中小企業等グループ施設等復旧整備補助事業）（都道府県）
複数の中小企業で構成したグループが復興事業計画を作成し，認定を受けることで設備・施設の復旧・整備について補助を受けることができます。

⑩税金・保険料などの減免制度

□地方税の減免・猶予（都道府県・市町村）
住民税，固定資産税などが対象。

□国税の減免・猶予（税務署）
申告期限の延長，納税猶予，予定納税減額，源泉所得税等の徴収猶予，所得税の軽減など。

□医療保険・介護保険（健保組合・市町村等）
保険料や窓口負担減免の制度があります。

□公共料金，使用料，保育料，放送受信料など
（都道府県・市町村・関係事業者）
災害時の特別措置がとられる可能性があります。

支援情報をさらに詳しく知りたいときは

内閣府の被災者支援情報ページ➡

⬅内閣府作成のリーフレット
（各種制度を詳しく解説　令和元年.11.1版）